Edition

Teacher's Manual
AP Spanish

Preparing for the Language Examination

José M. Díaz
Hunter College High School

Margarita Leicher-Prieto
The Fieldston School

Glenn J. Nadelbach
John Bowne High School

Longman

Consultants for the First Edition

Judith E. Liskin-Gasparro Lecturer in Spanish and Special Programs Assistant for the Language Schools at Middlebury College

Angel Rubio Wellesley College, Wellesley, MA

Raúl S. Rodríguez Chairman of the Language Department at Xaverian High School, Brooklyn, NY

Consultants for the Second Edition

Raúl S. Rodríguez Chairman of the Language Department at Xaverian High School, Brooklyn, NY.

Ana Goicoa Colbert Milton Academy

Marisol Maura Milton Academy

CONTENTS

Sources v

Part 1: Script

UNIT I
Dialogues 3

Narratives 12

UNIT II
Dialogues 17

Narratives 24

UNIT XII 32

Part 2: Answers

UNIT I
Listening Comprehension (Short Selections) 41

UNIT II
Listening Comprehension (Longer Selections) 42

UNIT III
Reading—Vocabulary (Multiple Choice) 43

UNIT IV
Reading—Structure (Multiple Choice) 45

UNIT V
Reading—Vocabulary/Structure (Multiple Choice) 47

UNIT VI
Reading—Structure (Error Correction) 49

UNIT VII
Reading Comprehension 51

UNIT VIII
Writing (Passages—Structure in Context) 53

UNIT IX
Writing (Sentences—Infinitives in Context) 56

UNIT X
Writing (Essays or Letter Topics) 60

UNIT XI
Speaking (Picture Sequences) 60

UNIT XII
Speaking (Directed Responses) 60

AP Spanish: Preparing for the Language Examination/Second Edition

Copyright © 1996, 1989 by Addison-Wesley Publishing Company.

All rights reserved.

No part of this publication may be reproduced, stored in a retrieval system, or transmitted in any form or by any means, electronic, mechanical, photocopying, recording, or otherwise, without the prior permission of the publisher.

Longman, 10 Bank Street, White Plains, NY 10606

Text credits: Sources for all reading passages appear on page v.

Executive editor: Lyn McLean
Managing production editor: Debra Watson
Text design: Lyn Luchetti
Cover design: Curt Belshe
Text art: Jill Francis Wood

ISBN 0-8013-1532-8
7 8 9 10-ML-00

SOURCES

UNIT II—LISTENING COMPREHENSION

These narratives have been adapted from the following sources:

Narrative no. 5 Alimento de los dioses by Lorna J. Sass.
Américas, Vol. 37, No. 3,
Mayo–Junio 1985, pp. 8–12.

Narrative no. 6 Las mujeres de la Gran Colombia by Evelyn M. Cherpak.
Américas, Vol. 39, No. 2, Marzo–Abril 1987, pp. 32–37.

Narrative no. 7 La papa, tesoro de los Andes by Anita von Kahler Gumpert.
Américas, Vol. 38, No. 3, Mayo–Junio 1986, pp. 35–39.

Tomado de Américas, revista publicada por la Secretaría General de la O.E.A. en español e inglés.

AMÉRICAS es publicada por la Secretaría General de la Organización de los Estados Americanos, Edificio Administrativo, 19th Street and Constitution Avenue, NW, Washington, DC 20006.

The passages that appear in the following units have been reprinted from the following sources:

UNIT V—VOCABULARY/STRUCTURE

Section 1 Los venenos by Julio Cortázar from Final del juego, p. 32. © 1971 Editorial Sudamericana, S. A., Buenos Aires, Argentina.

Section 2 Fraternidad by Abilio Estévez. From Cuentos cubanos contemporáneos, p. 92. © 1989 Universidad Veracruzana, Jalapa, Veracruz.

Section 3 Fraternidad by Abilio Estévez. From Cuentos cubanos contemporáneos, p. 90. © 1989 Universidad Veracruzana, Jalapa, Veracruz.

Section 4 Final del juego by Julio Cortázar. © 1971 Editorial Sudamericana, S.A., Buenos Aires, Argentina.

Section 5 El orden de las familias by Jorge Edwards. From Antología crítica del cuento hispanoamericano del siglo XX (1920–1980), p. 157. © 1992 Alianza Editorial, S.A., Madrid, España.

Section 6 Querido Jim by Sergio Galindo. From Antología de cuentos mexicanos 2, p. 89. © 1977 Editorial Nueva Imagen, S.A., México, D.F.

Section 7 Las orejas del niño Raúl by Camilo José Cela. From El espejo y otros cuentos. © 1981 Editorial Espasa-Calpe, S.A., Madrid, España.

Section 8 Querido Jim by Sergio Galindo. From Antología de cuentos mexicanos 2, p. 91. © 1977 Editorial Nueva Imagen, S.A., México, D.F.

Section 9 La rosa no debe morir by María de Villarino. From Cuentos fantásticos argentinos, p. 272. © 1976 Emecé Editores, S.A., Buenos Aires, Argentina.

Section 10	Las tres ventanas by Héctor Mujica. From Antología del cuento venezolano, p. 399. © 1984 Monte Ávila Latinoamericana, C.A., Caracas, Venezuela.	Section 16	Talpa by Juan Rulfo. From Antología de cuentos mexicanos 2, p. 13. © 1977 Editorial Nueva Imagen, S.A., México, D.F.
Section 11	Paulina y Gumersindo by Francisco García Pavón. From Siete narradores de hoy, p. 97. © 1963 Taurus Ediciones, S.A., Madrid, España.	Section 17	Mañana sí será by Raúl Valera. From Antología del cuento venezolano, p. 293. © 1984 Monte Ávila Latinoamericana, C.A., Caracas, Venezuela.
Section 12	El ford by Francisco García Pavón. From Siete narradores de hoy, p. 115. © 1963 Taurus Ediciones, S.A., Madrid, España.	Section 18	Una historia vulgar by José Fabbiani Ruiz. From Antología del cuento venezolano, p. 272. © 1984 Monte Ávila Latinoamericana, C.A., Caracas, Venezuela.
Section 13	Las afueras by Luis Goytisolo. From Siete narradores de hoy, p. 45. © 1963 Taurus Ediciones, S.A., Madrid, España.	Section 19	La chusma by Ana María Matute. From Historias de la Artámila, p. 54. © 1987 Ediciones Destino, S.A., Barcelona, España.
Section 14	Las afueras by Luis Goytisolo From Siete narradores de hoy, p. 68. © 1963 Taurus Ediciones, S.A., Madrid, España.	Section 20	Las afueras by Luis Goytisolo. From Siete narradores de hoy, p. 43. © 1963 Taurus Ediciones, S.A., Madrid, España.
Section 15	Pigmalión by Bonifacio Lastra. From Cuentos fantásticos argentinos, p. 132. © Emecé Editores, S.A., Buenos Aires, Argentina.		

UNIT VII—READING COMPREHENSION

Section 1	El guardagujas by Juan José Arreola. From Antología del cuento hispanoamericano, pp. 470–471. © 1991 Editorial Porrúa, S.A., México, D.F.	Section 3	El avión de la bella durmiente by Gabriel García Márquez. From Doce cuentos peregrinos, p. 78. © 1992 Editorial La Oveja Negra, Ltda., Bogotá, Colombia.
Section 2	Espantos de agosto by Gabriel García Márquez. From Doce cuentos peregrinos, p. 124. © 1992 Editorial La Oveja Negra, Ltda., Bogotá, Colombia.	Section 4	El efímero reino del verano by José Ricardo Chávez. From Cuentos para gente joven, pp. 154–155. © 1991 Editorial Universitaria Centroamericana, 2a Edición, San José, Costa Rica.

Section 5	El estadio by Arturo Arango. From Cuentos cubanos contemporáneos, pp. 96–97. © 1989 Universidad Veracruzana, Jalapa, Veracruz.	Section 14	Antes de la cita con los Linares by Alfredo Bryce Echenique. Narrativa Peruana 1950/70, p. 261. © 1973 Alianza Editorial, Madrid, España.
Section 6	Las tres ventanas by Héctor Mujica. From Antología del cuento venezolano, Guillermo Meneses, pp. 395–396. © 1984 Monte Ávila Latinoamericana, C.A., Caracas, Venezuela.	Section 15	La confesión de Pelino Viera by Guillermo Enrique Hudson. From Cuentos fantásticos argentinos, p. 133. © 1960 Emecé Editores, S.A., Buenos Aires, Argentina.
Section 7	Coronación, José Donoso, p. 36. Biblioteca Básica Salvat. © 1982 Salvat Editores, S.A., Navarra, España.	Section 16	La esquina del sueño by Inés Malinow. From Cuentos fantásticos argentinos, pp. 153–154. © 1976 Emecé Editores, S.A., Buenos Aires, Argentina.
Section 8	La verdad sobre el caso Savolta by Eduardo Mendoza, pp. 154–155. © 1983 Editorial Seix Barral, S.A., Barcelona, España.	Section 17	La subversión de Beti García by José Avello Flores, p. 39. © 1984 Ediciones Destino, Barcelona, España.
Section 9	Memorias de un abogado by Salomé Jil (José Milla), Vol. 3. p. 95. © 1893 Editorial del Ministerio de Educación Pública, Guatemala, Centro América.	Section 18	Un instante de sol by Alberto Serrat. From Cuentos cubanos contemporáneos, p. 178. © 1989 Universidad Veracruzana, Jalapa, Veracruz.
Section 10	El español y los siete pecados capitales by Fernando Díaz Plaja. © 1971 Alianza Editorial, S.A., Madrid, España.	Section 19	Redención by Carlos Tern Navia. From Cuentos esperantes, pp. 241–242. © 1986 Editorial Universitaria Centroamericana, San José, Costa Rica.
Section 11	Paco Yunque by César Vallejo. From Antología crítica del cuento hispanoamericano del siglo XX (1920–1980), pp. 40–41. © Alianza Editorial, S.A., Madrid, España.	Section 20	Amor secreto by Manuel Payno. From El cuento hispanoamericano, pp. 39–40. © 1970 Fondo de Cultura Económica, México, D.F.
Section 12	Querido Jim by Sergio Galindo. From Antología de cuentos mexicanos, 2, pp. 84–85. © 1977 Editorial Nueva Imagen, S.A., México, D.F.	Section 21	La siesta by Juan Carlos Onetti. From Dejemos hablar al viento Narradores de hoy, pp. 160–161. © 1979 Bruguera Alfaguara, Barcelona, España.
Section 13	Verde y sin Paula by Mario Benedetti. From Geografías, p. 67. © 1986 Ediciones Alfaguarra, S.A., Madrid, España.	Section 22	Un hombre by José María Gironella, pp. 28–29. © 1980 Ediciones Destino, S.A., Barcelona, España.

Section 23	La cucaña by Camilo José Cela. From Literatura del Siglo XX, pp. 320–321. © 1968 Holt, Rinehart and Winston, New York.	Section 29	Puerto Limón by Joaquín Gutiérrez, pp. 62–63. © 1978 Editorial Costa Rica, San José, Costa Rica.
Section 24	Doña Bárbara a los cincuenta años by Evelio A. Echevarría. From Américas, Vol. 31, No. 11–12, Noviembre/Diciembre 1979, p. 25.	Section 30	Rectificación de línea by José Corrales Egea. From Veinte cuentos españoles del siglo XX, pp. 166–167. © 1961 Prentice-Hall, Inc., Englewood Cliffs, NJ.
Section 25	La fotografía by Enrique Amorim. From Narrativa Hispanoamericana 1816–1981, Historia y Antología III, La generación de 1910–1939, pp. 274–275. © 1981 Siglo XXI Editores, S.A., México, D.F.	Section 31	Los novios, Mario Benedetti from Montevideanos, p. 99. © 1982 Editorial Nueva Imagen, S.A., México, D.F.
		Section 32	El hermano asno by Eduardo Barrios, pp. 90–91. © 1946 Editorial Losada, S.A. Buenos Aires, Argentina.
Section 26	El piloto Oyarzo by Mariano Latorre. From Narrativa Hispanoamericana 1816–1981, Historia y Antología III, La generación de 1910–1939, p. 91. © 1981 Siglo XXI Editores, S.A., México, D.F.	Section 33	Sentado en el estribo by José Martínez Ruiz. From Veinte cuentos españoles del siglo XX, p. 57. © 1961 Prentice-Hall, Inc., Englewood Cliffs, NJ.
		Section 34	En familia by Ariel Dorfman. From Narrativa Hispanoamericana 1816–81, Historia y Antología, Edited by Ángel Flores, p. 170. © 1983 Siglo XXI Editores, S.A., México, D.F.
Section 27	Tormento by Benito Pérez Galdós, p. 71. © 1986 Alianza Editorial, Madrid, España.		
Section 28	Dos corazones y una sombra by Ignacio Aldecoa. From Cuentos Completos I, pp. 181–182. © 1982 Alianza Editorial, Madrid, España.		

UNIT VIII—STRUCTURE

Section 7 — Los árboles mueren de pie by Alejandro Casona, p. 97.
© 1976 Editorial Losada, S.A., Buenos Aires, Argentina.

Section 11 — Sin camino by José Luis Castillo-Puche, p. 67.
© 1983 Ediciones Destino, S.A., Barcelona, España.

Section 13 — La familia de León Roch by Benito Pérez Galdós, p. 34.
© 1972 Alianza Editorial, S.A., Madrid, España.

Section 18 — La familia de León Roch by Benito Pérez Galdós, p. 201.
© 1972 Alianza Editorial, S.A., Madrid, España.

Section 20 — Crónica de una muerte anunciada by Gabriel García Márquez, pp. 31–32.
© 1981 Editorial La Oveja Negra, Bogotá, Colombia.

Section 25 — El sueño de los héroes by Adolfo Bioy Casares, p. 112.
© 1976 Alianza Editorial, Madrid, España.

Section 27 — Nada by Carmen Laforet, p. 49.
© 1971 Ediciones Destino, Barcelona, España.

Section 28 — Sin camino by José Luis Castillo-Puche, p. 140.
© 1983 Ediciones Destinolibro, S.A. Barcelona, España.

Section 29 — La familia de León Roch by Benito Pérez Galdós, p. 204.
© 1972 Alianza Editorial, S.A., Madrid, España.

Section 30 — Triste como ella y otros cuentos by Juan Carlos Onetti, pp. 62–63.
© 1982 Editorial Lumen, S.A., Barcelona, España.

PART 1

Script
Units I, II, and XII

UNIT I

> Directions: You will now listen to a series of dialogues. After each one, you will be asked some questions about what you have just heard. Select the best answer to each question from among the four choices printed in your test booklet and fill in the corresponding oval on the answer sheet.
>
> Instrucciones: A continuación escuchará una serie de diálogos. Después de cada diálogo se le harán varias preguntas sobre lo que acaba de escuchar. Para cada pregunta elija la mejor respuesta de las cuatro opciones escritas en su libreta de examen y rellene el óvalo correspondiente en la hoja de respuestas.

NOW GET READY TO LISTEN TO THE FIRST DIALOGUE.

DIALOGUE NUMBER 1

Cecilia y su padre hablan mientras van de viaje en coche.

FEMALE: Ay papá, no te enojes mucho, pero me acabo de dar cuenta de que no llevo el pasaporte conmigo.

MALE: ¿Cómo? Pues, claro que estoy enojado, Cecilia. ¿No te dije varias veces que íbamos a Tijuana? Lo vas a necesitar. ¿Cómo piensas pasar la frontera?

FEMALE: Es que lo puse en mi mochila y como me dijiste que no trajera mucho equipaje, se me olvidó ponerlo en el bolsillo de la chaqueta.

MALE: Bueno, la única solución ahora es que no cruces la frontera y te quedes con tus primas mientras yo voy a resolver mis asuntos.

FEMALE: Pero es que yo quiero ir de compras.

MALE: Dime lo que quieres y trataré de conseguirlo. Eso te pasa por ser tan desorganizada.

1. ¿Por qué está enojado el padre de Cecilia?
2. ¿Dónde puso el pasaporte Cecilia?
3. ¿Qué no podrá hacer Cecilia?
4. ¿Qué le sugiere el padre a Cecilia?

DIALOGUE NUMBER 2

Eduardo viene a visitar a su amiga Petra en su nuevo apartamento.

FEMALE: Eduardo, vamos a la terraza para que veas los tomates que planté hace unas semanas.

MALE: Buena idea. ¡Es maravilloso que viviendo en la ciudad puedas sembrar vegetales en la terraza!

FEMALE: Por eso alquilé este apartamento; aunque el alquiler es un poco alto, inmediatamente me enamoré de la terraza. Además me encantan los vegetales frescos, y ocuparme del jardín es una manera de relajarme cuando llego del trabajo.

MALE: Oye, Petra, desde aquí puedo ver que hay muchos pájaros en la terraza y están comiendo algo rojo.

FEMALE: ¡Qué barbaridad! ¡Apúrate, se están comiendo todos mis tomates!

MALE: ¡Qué pena! Vas a necesitar un espantapájaros o por lo menos tendrás que cubrirlos para que no puedan llegar los pájaros. Mira, no han dejado ni una fruta en las plantas.

1. ¿Qué le parece maravilloso a Eduardo?
2. ¿Qué hace Petra cuando llega del trabajo?
3. ¿Qué ve Eduardo en la terraza?
4. ¿Cómo encontraron las plantas Eduardo y Petra?

DIALOGUE NUMBER 3

Escuchen la conversación entre Ricardo y Julia mientras buscan un lugar donde estacionar su coche en un centro comercial.

FEMALE: Vamos a estacionar aquí. La tienda queda muy cerca.

MALE: Tenemos que fijarnos bien dónde estacionamos. Cuando estos estacionamientos están llenos, si no tienes cuidado luego no encuentras el coche.

FEMALE: No te preocupes, fíjate en el piso en que estamos y no tendremos problemas.

MALE: La última vez que estuve aquí creía que no iba a tener problemas y cuando salí no pude encontrar mi coche. Después de buscarlo durante varias horas, me di por vencido y decidí esperar hasta que cerraran todas las tiendas y se vaciara el estacionamiento.

FEMALE: Claro, es que el otro lado del estacionamiento también tiene el mismo sistema y si sales por la puerta equivocada, te puedes confundir. ¿Y a qué hora pudiste encontrarlo?

MALE: Era domingo y cerraron a las seis; si no me hubiera tenido que quedar hasta las diez.

1. ¿Dónde están Ricardo y Julia?
2. ¿Por qué tienen que tener cuidado Ricardo y Julia?
3. ¿Qué le sucedió a Ricardo una vez?
4. ¿Hasta cuándo tuvo que esperar Ricardo?

DIALOGUE NUMBER 4

Sergio y Miguelina hablan en la sala de su casa. Sergio busca unos papeles que ha perdido.

MALE: Miguelina, ¿qué hiciste con los papeles que puse aquí?

FEMALE: ¡Uy, Sergio! Los eché a la basura.

MALE: ¡Cómo! Ése era el último capítulo de la novela que estaba escribiendo.

FEMALE: Bueno, los vi tan sucios, con manchas de café por todas partes, que me pareció que no los necesitabas.

MALE: Bueno, sal y trata de recuperarlos antes de que venga el camión a recoger la basura.

FEMALE: Lo siento, Sergio. Ahora mismo voy. En seguida vuelvo. ¡Y no te enojes mucho si no los puedo encontrar!

1. ¿Dónde puso Miguelina los papeles de Sergio?
2. ¿De qué tratan los papeles?
3. ¿Por qué pensó Miguelina que Sergio no necesitaba los papeles?
4. ¿Qué le pide Sergio a Miguelina?
5. ¿Por qué teme Miguelina que Sergio se enoje?

DIALOGUE NUMBER 5

Marta y Felipe hablan mientras van de viaje en coche.

MALE: ¿Sabes Marta? Hasta ahora hemos tenido suerte con el coche. Acuérdate de que ya está viejo y que éste es un viaje largo. Si continuamos así, pronto estaremos en San Francisco.

FEMALE: Es verdad, Felipe. Cuando empezamos esta aventura, estaba preocupada. Podríamos haber tenido tantos problemas. Por suerte, todo nos está saliendo a pedir de boca. Oye, ¿no quieres que yo maneje?

MALE: Todavía no estoy cansado. Mejor tomas el volante después de que almorcemos en Sacramento. Así podré descansar sin interrupción hasta que lleguemos.

FEMALE: Es que no me parece justo que tú hayas manejado tanto, Felipe. Yo sé que conoces el camino mejor que yo, pero tú me mimas demasiado. Gracias a ti he podido dormir bien y me he divertido mucho durante el viaje.

MALE: No importa; yo no me canso tanto, y me encanta manejar. A propósito, ¿a quiénes vamos a visitar en cuanto lleguemos?

FEMALE: A mis abuelos. Tú sabes que tienen una casa enorme y muy cómoda, con piscina y cancha de tenis. ¡Qué vacaciones tan fantásticas vamos a pasar!

MALE: Sí. Ojalá que haga buen tiempo para poder aprovecharlas. Yo no quiero pasar el tiempo durmiendo o viendo televisión. Eso lo puedo hacer en Nueva York.

1. ¿Qué clase de viaje hacen Felipe y Marta?
2. ¿Por qué estaba preocupada Marta durante el viaje?
3. Después de almorzar, ¿qué quiere hacer Felipe?
4. Según Marta, ¿cómo la trata Felipe?
5. ¿Qué NO quiere hacer Felipe durante las vacaciones?

DIALOGUE NUMBER 6

Ignacio y su madre hablan en la cocina de su casa.

FEMALE: Gracias, Ignacio. Te agradezco que hayas ido por mí al supermercado.

MALE: De nada, mamá. Te traje todo lo que me pediste.

FEMALE: Vamos a ver. Ayúdame a acomodar las cosas.

MALE: ¡Cómo no! ¿Dónde quieres que ponga los refrescos?

FEMALE: Ahí . . . encima del refrigerador . . . pero . . . Ignacio ¿qué es esto? Te pedí que trajeras limones, éstas son naranjas . . . y . . . yo no te pedí refrescos.

MALE: No entiendo. Yo tomé la lista que estaba sobre la mesa.

FEMALE: ¿Qué mesa, Ignacio? Yo te dejé la lista en tu escritorio.

MALE: Ay, mamá, yo tomé una lista que estaba en la mesa de la cocina, pues cuando llamaste dijiste que tomara la lista, y . . .

FEMALE: Ignacio, esa lista es la que hizo tu hermana con lo que necesita para la excursión que va a hacer este fin de semana con sus compañeras de escuela.

MALE: Ay, cada vez que te quiero ayudar complico las cosas.

FEMALE: No te preocupes. Yo tengo que ir a la peluquería y puedo pasar por el mercado. Gracias de todas formas. Estoy segura que tu hermana se alegrará de que tú le hayas hecho sus compras. Te lo agradecerá.

1. ¿Qué hace Ignacio para su mamá?
2. ¿Qué le pasó a Ignacio?
3. ¿De quién era la lista que usó Ignacio?
4. ¿Adónde va la hermana de Ignacio?

DIALOGUE NUMBER 7

La siguiente conversación entre un joven y una policía tiene lugar en una calle de San José, Costa Rica.

MALE: Pero señora policía, ¿verdad que no va a ponerme una multa? El coche es de mi padre . . . me costó mucho que me lo prestara, tuve que prometerle el cielo y la tierra . . . por favor . . .

FEMALE: Joven, su licencia por favor.

MALE: Yo no tengo la culpa, ese señor se me puso en el camino; él es quien se merece la multa. Soy completamente inocente.

FEMALE: Joven, necesito ver su licencia. Usted ha chocado con el coche y se tiene que atener a las consecuencias.

MALE: Señora, ese señor iba leyendo el diario mientras conducía.

FEMALE: Estoy perdiendo la paciencia, joven . . .

MALE: Mire, mi papá es un abogado muy importante, gran amigo del Ministro de Transporte. Va a enojarse mucho si usted no me hace caso. Le aconsejo que se olvide de la multa.

FEMALE: Aunque su padre sea el presidente de la República, le voy a poner la multa. Y además otra multa por amenazarme. Por última vez, su licencia.

MALE: Es que no tengo licencia. No tengo ni siquiera permiso de conducir.

1. ¿De quién es el coche que conduce el joven?
2. Según el joven, ¿por qué tiene la culpa del accidente el señor?
3. Según el joven, ¿por qué no debe darle la multa la policía?
4. ¿Qué le dice el joven a la policía al final?

DIALOGUE NUMBER 8

Leonardo y Teresa hablan en el pasillo de la escuela.

MALE: ¿Qué sucedió al final del cuento, Teresa?

FEMALE: Parece que el inspector ya no podía más y abandonó el caso que investigaba.

MALE: Oye, ¿estás segura? Yo creía que le había robado todo el dinero al cliente y se había ido para el Brasil.

FEMALE: No, no, Leonardo. Estás equivocado de cuento. Eso sucedió en el cuento que leímos la semana pasada.

MALE: Tienes razón Teresa; menos mal que hablamos antes de la clase.

FEMALE: Cierto; el profesor se habría reído mucho si hubieras confundido los dos finales.

MALE: Bueno, ya es la hora. Empecemos a caminar para no llegar tarde al examen.

FEMALE: Tienes razón. Vamos.

1. ¿De qué hablan los dos jóvenes?
2. ¿Qué problema tiene Leonardo?
3. ¿Qué tipo de cuentos discuten Teresa y Leonardo?
4. ¿Adónde van Teresa y Leonardo?

DIALOGUE NUMBER 9

Un señor habla con una empleada sobre su equipaje.

MALE: Por favor, señora, ¿dónde puedo recoger mi equipaje? No lo puedo encontrar.

FEMALE: Allí, en el área número tres. Ya están saliendo las maletas de su vuelo.

MALE: Gracias, pero ya hace media hora que espero y no salen.

FEMALE: ¿Está seguro que no las reconoció cuando salieron?

MALE: Para decirle la verdad, no me acuerdo qué maletas llevo hoy. Mi esposa las hizo. Además casi todas se parecen.

FEMALE: La próxima vez debe ponerles algo que las distinga de las otras. Como una correa de colores. Por el momento vaya a la oficina y allí podrá ver fotos de diferentes maletas y así quizás recuerde cómo son las suyas.

MALE: ¿Pero qué voy a hacer sin mi ropa? Tengo que reunirme con un periodista mañana.

FEMALE: Vaya a la oficina, déle una descripción y el nombre del hotel donde va a hospedarse y se las llevarán allí.

MALE: Bueno, espero que lleguen antes de mañana.

1. ¿Dónde tiene lugar esta conversación?
2. ¿Qué no puede encontrar el señor Juárez?
3. ¿Por qué necesita su ropa el señor Juárez?
4. ¿Qué le dice la empleada al señor Juárez?

DIALOGUE NUMBER 10

Escuchen el diálogo entre una madre y su hijo.

FEMALE: ¿Estás haciendo la tarea de inglés o la de química? Te veo muy ocupado, hijo.

MALE: No, mamá, estoy mirando el horario de los programas de televisión.

FEMALE: Antes de empezar a divertirte, tienes que terminar todo tu trabajo, ¿comprendes? Ni tu padre ni yo queremos volver a ver unas notas como las que sacaste el semestre pasado.

MALE: Pero mamá, si ya he terminado todo el trabajo; hasta empecé a leer los primeros capítulos del *Quijote*, a pesar de que no tenía que leerlos hasta la semana próxima. Creo que merezco ver mi programa favorito esta noche.

FEMALE: Sabes muy bien que no me gusta para nada ese programa con tanta violencia, aunque sea tan popular entre tus amigos.

MALE: Mira mamá, ya que he terminado con todo y hasta he adelantado la tarea, por lo menos debes permitirme escoger lo que me guste, ¿no te parece?

1. ¿Qué está haciendo el chico en este momento?
2. ¿Por qué está preocupada la madre?
3. Según el chico, ¿qué se merece él?
4. ¿Qué piensa la madre del programa que quiere ver el chico?

DIALOGUE NUMBER 11

Escuchen la siguiente conversación entre Georgina y Gonzalo sobre los problemas sociales que les preocupan.

FEMALE: ¿Sabes lo que me gustaría hacer ahora que tengo más tiempo? Me encantaría ayudar a solucionar los problemas de los pobres y de las personas que no tienen casa.

MALE: ¡Qué ambiciosa eres, Georgina! Eso no es fácil de solucionar.

FEMALE: Es que me siento tan mal cuando veo lo que pasa y cuando pienso en la falta de igualdad que existe en el mundo. Hay tantas necesidades que debemos empezar a hacer algo. ¿Qué harías en mi lugar, Gonzalo?

MALE: Bueno, ya yo trabajo con una organización que prepara alimentos para los que no tienen casa, los desamparados.

FEMALE: ¡Qué buena idea! Estoy segura que agradecen mucho poder comer algo.

MALE: Claro, además llevamos comida a los ancianos del barrio que no pueden salir de compras.

FEMALE: Qué bien, me siento más optimista. Estos pequeños pasos son los que importan. Si todos hiciéramos algo, se aliviaría el problema.

MALE: Exacto. Ven conmigo esta tarde. Estoy seguro que nos puedes ayudar en la cocina.

1. ¿Cuál es el tema del diálogo?
2. ¿Por qué se siente mal Georgina?
3. ¿Dónde trabaja Gonzalo?
4. ¿Qué le sugiere Gonzalo a Georgina?
5. ¿Cómo se siente Georgina al final?

DIALOGUE NUMBER 12

Escuchen el diálogo entre Claudia y Héctor.

FEMALE: Ya veo que estás leyendo el periódico otra vez, Héctor. ¿Es la sección de viviendas?

MALE: Claro, Claudia. Hoy hay varios anuncios de casas entre los cuales podremos encontrar algo que nos convenga.

FEMALE: Estoy cansadísima de pasar todos los fines de semana haciendo lo mismo; leyendo los anuncios, haciendo llamadas telefónicas, visitando casas y volviendo tarde y muy agotada sin haber encontrado nada.

MALE: Es que tú eres tan difícil de complacer... o las casas quedan muy lejos para que vengan tus padres a visitarnos, o son muy pequeñas, o el patio es demasiado grande...

FEMALE: Tú tampoco has encontrado la casa ideal, Héctor, así que no me eches toda la culpa. De todas formas, tienes que esperar hasta mañana para buscar casa porque mis padres vienen esta noche a cenar con nosotros.

1. ¿Cuál es el tema principal de la conversación?
2. ¿Cómo se siente Claudia los fines de semana?
3. Según Héctor, ¿por qué es difícil complacer a Claudia?
4. ¿Por qué no pueden salir hoy Claudia y Héctor?

DIALOGUE NUMBER 13

Francisco y Rosa hablan en el pasillo de la escuela.

MALE: Rosa, ¿ya conseguiste el libro que tenemos que leer para el lunes?

FEMALE: No, no he tenido tiempo pero trataré de comprarlo esta tarde. ¿Y tú?

MALE: Yo no lo pienso comprar. Este fin de semana voy a alquilar la película que hicieron sobre la novela y resuelvo el problema.

FEMALE: ¿Una película? Eso no es lo mismo que el libro, Francisco. Mira, el año pasado yo hice lo mismo. No tuve tiempo para terminar un libro y alquilé la película. Cuando llegué a la escuela me enteré que sólo el principio era igual; el resto era diferente.

MALE: ¿Y qué hiciste?

FEMALE: No tuve que hacer nada. Después de unos minutos de clase, la profesora se dio cuenta de que todos habíamos hecho lo mismo.

MALE: ¡Qué cómico!

FEMALE: No fue tan cómico, Francisco, pero fue una buena lección. Por suerte, la profesora era muy comprensiva y nos dio unos días más para que lo termináramos.

MALE: ¡Qué suerte! Me alegro de haber hablado contigo. No quiero pasar por el mismo apuro.

1. ¿Qué tiene que conseguir Francisco?
2. ¿Cómo va a resolver el problema Francisco?
3. ¿Qué problema tuvo Rosa con la película?
4. ¿De qué se dio cuenta la profesora de Rosa?
5. ¿Por qué se alegra Francisco de haber hablado con Rosa?

DIALOGUE NUMBER 14

Escucha la conversación entre Samuel y Ángela sobre los problemas que tiene Samuel.

MALE: ¡Qué cosa tan difícil es aprender a hablar inglés! ¡Se escribe de una manera y se pronuncia de otra! Hay palabras que suenan igual, pero no significan lo mismo. En fin, Ángela, no sé como se las arreglan los pobres estudiantes en este país.

FEMALE: Es cuestión de práctica, Samuel. No es tan difícil como lo piensas. No seas impaciente.

MALE: Es que tengo tan poco tiempo para aprenderlo . . . en las dos semanas que llevo en este colegio ya debería hablarlo y entenderlo más. Cuando veo la tele, como tú me has recomendado, no entiendo ni jota. Entonces me desespero, cambio de canal y pongo la estación en español. ¡Qué alivio!

FEMALE: Claro, escuchar el español te alivia un poco, pero lo importante es que escuches el inglés lo más posible.

MALE: No sé qué hacer, esta situación me desespera.

FEMALE: Lo que pasa es que quieres pasar el tiempo divirtiéndote en vez de estudiar como se debe. ¡Ten paciencia y practica el idioma con tus compañeros!

1. ¿De qué se queja Samuel?
2. ¿Qué trata de hacer Ángela?
3. ¿Cómo se siente Samuel?
4. ¿Qué le hace sentirse mejor a Samuel?
5. ¿Cuál es una de las sugerencias que le da Ángela a Samuel?

DIALOGUE NUMBER 15

José y María discuten sus planes para un viaje.

FEMALE: José, tenemos que hacer los planes para el viaje. ¿Cuánto crees tú que va a costarnos todo?

MALE: Bueno, pienso que incluyendo el precio de los billetes, el alojamiento, la comida, los gastos inesperados y algunos regalitos para los amigos, más o menos unas 220.000 pesetas.

FEMALE: Yo pienso que sería mejor llevar el dinero en cheques de viajero. También vamos a necesitar cambio en la moneda del país para el transporte desde el aeropuerto y para los gastos inmediatos.

MALE: María, tú siempre tan práctica, tan exacta, tan completa, tan . . .

FEMALE: También tenemos que obtener las visas y decidir qué clase de equipaje vamos a llevar. Acuérdate de que no somos millonarios y que tenemos que ocuparnos de transportar todo nosotros mismos.

MALE: No sé por qué tú siempre tienes que aguar la fiesta. No piensas más que en lo práctico y en lo necesario. ¿Dónde está tu espíritu aventurero? ¿Qué importa si el equipaje es pesado? ¿Si tenemos o no alojamiento? ¿Si llueve o nieva o hace calor o frío? Lo importante es divertirnos.

FEMALE: Pues, cuando tengamos problemas, no vengas a mí para resolverlos. Háblale a tu espíritu aventurero.

1. ¿Cuál es el tema del diálogo?
2. ¿Cuánto dinero piensan gastar?
3. ¿Para qué van a necesitar la moneda del país en cuanto lleguen?
4. Según José, ¿cómo es María?
5. ¿Qué es importante para José?

DIALOGUE NUMBER 16

Escuchen la conversación entre un cliente y una dependienta.

FEMALE: Buenos días, señor; tanto gusto de verlo por aquí. Voy a mostrarle los últimos trajes de verano que acabamos de recibir. Tenemos tal variedad que estoy segura de complacerlo.

MALE: Va a ser un poco difícil encontrar algo para mí, aunque no dudo lo que usted dice. Si usted se fija bien, notará que estoy gordo y que tengo los brazos bastante largos. Siempre tengo problemas con la ropa hecha.

FEMALE: Mire, señor. Tenemos en la tienda un sastre que hace maravillas en arreglos. Escoja usted lo que más le guste en su tamaño, y no se preocupe. Pues, haremos hasta milagros para que usted quede satisfecho. Déjeme mostrarle algunos modelos apropiados para esta temporada. Usted se los prueba y nosotros nos encargamos del resto.

MALE: Es usted una excelente dependienta. Muy bien. Pero quiero sólo trajes de color negro o azul marino; son los únicos que me gustan, sea la temporada que sea. Espero que no tenga que alargar mangas, soltar costuras, cambiar botones, hacer tantas cosas que al final de cuentas hubiera sido mejor hacerme un traje a la medida.

FEMALE: Le garantizo que usted quedará satisfecho con su compra. Siempre queremos mantener contenta a nuestra clientela.

1. ¿Dónde tiene lugar esta conversación?
2. ¿Por qué le es difícil al señor comprar ropa hecha?
3. ¿Qué le garantiza la dependienta al señor?
4. ¿Qué clase de traje le gusta al señor?
5. Según el señor, ¿cómo es la dependienta?

> Directions: You will now listen to a series of short narratives. After each one, you will be asked some questions about what you have just heard. Select the best answer to each question from among the four choices printed in your test booklet and fill in the corresponding oval on the answer sheet.
>
> Instrucciones: Ahora escuchará una serie de narraciones. Después de cada narración se le harán varias preguntas sobre lo que acaba de escuchar. Para cada pregunta elija la mejor respuesta de las cuatro opciones escritas en su libreta de examen y rellene el óvalo correspondiente en la hoja de respuestas.

NOW GET READY TO LISTEN TO THE FIRST NARRATIVE.

NARRATIVE NUMBER 1

Escuchen esta selección sobre el actor mexicano Mario Moreno, más conocido como Cantinflas.

Cantinflas, uno de los más conocidos y estimados actores latinoamericanos, murió en abril del año 1993. Su verdadero nombre era Mario Moreno y nació en México en 1911. Su familia era grande pues tenía trece hermanos. Por ser muy pobre y de un hogar bastante humilde, Cantinflas se vio obligado a trabajar desde muy temprana edad para ayudar a mantener a los suyos. Empezando de limpiabotas, de aprendiz de torero, de taxista, y hasta de boxeador, pudo llegar a ser el máximo exponente del cine moderno mexicano. Su estilo, único en su género, consistía en hablar rápidamente usando palabras sin ningún sentido. Lo hacía con tanta gracia y originalidad que la Real Academia Española incluye entre sus nuevas palabras "cantinflear" que significa, por supuesto, hablar sin decir nada. Además de su inimitable obra artística, Cantinflas fue uno de los mejores cronistas de su época ya que casi siempre hacía el papel del pobre inocente y bueno, que lleno de esperanzas y buenas intenciones, trataba de mejorar el mundo.

1. ¿Por qué es tan conocido Cantinflas?
2. ¿Qué sabemos de este famoso mexicano?
3. ¿Cómo fueron algunas de las ocupaciones de Cantinflas?
4. ¿En qué consistía el estilo de Cantinflas?
5. ¿Qué quiere decir "cantinflear"?
6. ¿Qué hacía Cantinflas a través de los personajes?

NARRATIVE NUMBER 2

Escuchen la siguiente selección sobre la importancia económica del consumidor hispanohablante en los Estados Unidos.

Después de muchos años de no darle importancia económica al consumidor hispanohablante en los Estados Unidos, por fin se le empieza a tener en cuenta. Todos los medios de comunicación como la radio, la televisión, la prensa y hasta los anuncios comerciales en los trenes y los autobuses, muestran el poder adquisitivo de una comunidad que ha alcanzado la respetable suma de millones de habitantes en este país. A consecuencia de este nuevo movimiento se ha logrado alcanzar un mejor entendimiento de las necesidades del consumidor hispano. Este cambio ha tenido una compensación económica para la industria norteamericana. La comunidad hispana se ha beneficiado también al participar artística y técnicamente en el desarrollo de la industria de la publicidad. Podemos observar claramente cómo la influencia hispana empieza a contribuir y a transformar la economía nacional.

1. Según el comentario, ¿a qué no se le dio importancia por muchos años en los Estados Unidos?
2. Según el comentario, ¿dónde se observan más claramente los cambios que han ocurrido en los Estados Unidos con respecto a los hispanohablantes?
3. Según el comentario, ¿quiénes se han beneficiado más económicamente?
4. Según el comentario, ¿qué otro efecto, además del económico, ha tenido este movimiento en los Estados Unidos?

NARRATIVE NUMBER 3

La siguiente selección trata de Ernesto Sábato, quien muestra su talento en un nuevo medio artístico.

Ernesto Sábato, escritor argentino muy conocido entre los escritores de la lengua española, muestra su talento en otro medio artístico en Sao Paulo, Brasil. Por primera vez en Latinoamérica se expondrán unas cuarenta y dos pinturas de este gran escritor en el Museo de Arte. Ya el público de Madrid y París ha podido apreciar su talento, y ahora los latinoamericanos podrán ver a lo que el autor se ha dedicado por unos quince años.

El autor de novelas, que ya se han convertido en clásicas dentro de la literatura latinoamericana, se siente emocionado por la apertura de la exposición y también porque allí recibirá el título de "Honoris Causa" de la Universidad de Sao Paulo.

Sábato, que acaba de cumplir 83 años, participará durante su estancia en Brasil en una serie de conferencias donde discutirá su obra literaria. Al mismo tiempo presentará sus ideas sobre el papel social del artista, una de sus preocupaciones a lo largo de su vida. Su obra, tan bien recibida por los críticos europeos, promete mostrar el inigualable talento de este argentino dedicado a la literatura y ahora a la pintura.

1. ¿Cuál es la nacionalidad de Ernesto Sábato?
2. ¿Por qué es conocido Ernesto Sábato?
3. ¿Por qué es importante el evento en Sao Paulo?
4. ¿Qué hará Ernesto Sábato en Brasil?
5. ¿Cómo se puede caracterizar a Ernesto Sábato?

NARRATIVE NUMBER 4

La siguiente selección trata de Saúl Bolaños, un fotógrafo costarricense y de sus interesantes fotos.

Uno de los hoteles preferidos de Costa Rica es el Gran Hotel. Su popularidad se debe no sólo a su diseño clásico y a su servicio esmerado de estilo europeo, sino a su ubicación en el centro de la capital, San José. En la Plaza de la Paz, situada frente al hotel, se reúne un gran número de vendedores ambulantes que ofrecen a los turistas una variedad de productos típicos hechos de madera, de cerámica, de cuero y de mecate. Entre estos vendedores, Saúl Bolaños, un fotógrafo costarricense, vende algo muy especial: fotografías que han sido procesadas con café molido o líquido, en vez de la usual emulsión de plata. Bolaños llama a su proceso el arte de la "cafegrafía". Él estudió fotoquímica en varios países europeos y fue allí donde ideó cuatro procesos diferentes usando café. Las fotos que ofrece a los turistas son muy diversas y muestran diferentes aspectos de la vida nacional. Entre ellas, la más popular es una de dos niños recogiendo café en canastos típicos costarricenses.

1. ¿Dónde está el Gran Hotel?
2. ¿Qué pueden hacer los turistas en la Plaza de la Paz?
3. ¿Quién es Saúl Bolaños?
4. ¿Qué inventó Saúl Bolaños?
5. ¿Por qué se llama "cafegrafía" la invención de Bolaños?

NARRATIVE NUMBER 5

Escuchen la siguiente selección sobre cómo los pueblos hispanos escogen su santa patrona.

Gran parte de los habitantes de América recibieron de los españoles su lengua, sus tradiciones y su religión. La religión católica le ha dado a la mayoría de los hispanohablantes una gran fe que se ha mantenido hasta ahora. Muchos países tienen su propia santa patrona. Esa imagen es la protectora, la amiga y la compañera. Hay leyendas regionales en cuanto a cómo se escoge a la santa que va a venerarse, y estas leyendas son básicamente iguales. Casi siempre una persona que anda sola encuentra una estatua pequeña o una figurita que representa a la virgen María. Esa imagen exige la construcción de una ermita en el lugar donde fue hallada. Si sus deseos no son obedecidos al pie de la letra, ocurre una desgracia. Una vez concluida su iglesia e instalada en ella, la imagen se convierte en la santa patrona, venerada por todos.

1. ¿Cómo se conoce la historia de estas santas patronas?
2. ¿Qué pasa si no se siguen exactamente las instrucciones de la pequeña estatua?
3. ¿Qué tienen en común estos cuentos religiosos?
4. ¿Qué le exige la imagen a la persona que la encuentra?

NARRATIVE NUMBER 6

... y ahora una selección muy interesante sobre el metro de la Ciudad de México.

El metro de la Ciudad de México, además de ser muy moderno y avanzado, tiene ciertas características muy especiales debido al ambiente de la ciudad y a la personalidad de los habitantes. Como medio de transporte, cumple con los dos objetivos más importantes y necesarios: ser rápido y ser económico. Al igual que en muchas partes del mundo, este sistema es usado por muchas personas de diferentes clases sociales. Es preciso observar que durante un gran terremoto hace algunos años, el funcionamiento del metro solamente se vio interrumpido en parte y por pocas horas debido a las precauciones tomadas antes de su construcción por los ingenieros y los arquitectos. Una gran ventaja del estupendo metro de México es que, a pesar de la inflación, sigue siendo el más económico del mundo.

1. Según el comentario, ¿qué caracteriza al metro de la Ciudad de México?
2. ¿Qué le pasó al sistema de metro de la Ciudad de México durante un terremoto?
3. ¿Qué tomaron en cuenta los ingenieros y los arquitectos al construir el metro?
4. ¿En qué se diferencia el metro de la Ciudad de México de los otros sistemas del mundo?

NARRATIVE NUMBER 7

Escuchen la siguiente selección sobre el Festival de Cine Español.

El éxito obtenido por el "Festival de Cine Español", inaugurado en Nueva York en la primavera de 1985, se ha repetido cada año durante la misma temporada. Este evento es auspiciado por el Ministerio Español de Cultura y por el Instituto del Cine. Según un representante del gobierno de España, su propósito es darle a conocer al público norteamericano el progreso y el desarrollo de la cinematografía española actual. Las películas son elegidas para dar un panorama variado y al mismo tiempo representativo del movimiento cultural que ha tenido lugar en el país durante los últimos años. Entre los temas que muestran los cambios que han ocurrido encontramos la libertad sexual, las consecuencias de la guerra civil y los comentarios políticos sin censura.

1. ¿Cuándo se presenta este festival?
2. ¿De qué trata este festival?
3. ¿Con qué propósito se escogen las películas?
4. ¿Qué se nota a través de los temas presentados en las películas?

NARRATIVE NUMBER 8

La siguiente selección trata de la celebración de "El día de los muertos" en México.

Un aspecto cultural que ha prevalecido en México desde los tiempos anteriores a la conquista española hasta hoy es el culto a los muertos. Aunque ha habido ciertos cambios en cuanto a las ceremonias y los ritos que lo acompañan, hoy día podemos contar con una celebración anual que festeja la muerte como a un personaje que forma parte de la vida diaria. En México se celebra "El día de los muertos" el dos de noviembre, y esta celebración cobra gran importancia en los pueblos ya que para muchos es la fiesta más importante del año. En los cementerios se adornan las tumbas con fotografías de los difuntos, flores, decoraciones de papel de colores y velas encendidas. También se quema incienso y se sirve comida. Es muy impresionante presenciar una de estas ceremonias en la que la música, el olor a cera y a flores y los colores se combinan para infundir un carácter muy particular no sólo de respeto, sino de alegría. Este día podemos apreciar una mezcla de la religión católica y la cultura indígena cuyo resultado es obvio: la unión espiritual de un pueblo que se regocija en una celebración.

1. Según el comentario, ¿qué importancia tiene el dos de noviembre para muchos mexicanos?
2. Según el comentario, ¿dónde ocurre gran parte de los festejos?
3. ¿Qué NO se usa en estas celebraciones?
4. ¿Qué podemos observar al presenciar una de estas fiestas?

UNIT II

> Directions: You will now listen to a selection of about five minutes' duration. You should take notes in the blank space provided. You will not be graded on these notes. At the end of the selection, you will read a number of questions about what you have heard. Based on the information provided in the selection, select the BEST answer for each question from among the four choices printed in your test booklet and fill in the corresponding oval on the answer sheet.
>
> Instrucciones: Ahora escuchará una selección de unos cinco minutos de duración. Se le recomienda tomar apuntes en el espacio en blanco de esta hoja. Estos apuntes no serán calificados. Al final de la selección usted leerá una serie de preguntas sobre lo que acaba de escuchar. Basándose en la información de la selección, elija usted la MEJOR respuesta a cada pregunta de las cuatro opciones impresas en su libreta de examen y rellene el óvalo correspondiente en la hoja de respuestas.

NOW GET READY TO LISTEN TO THE FIRST DIALOGUE.

DIALOGUE NUMBER 1

Carmela, una reportera, entrevista al famoso cantante Jorge Montiel. Jorge Montiel se encuentra en medio de una gira por siete países ya que acaba de salir su último disco.

FEMALE: Hola, Jorge, ¿cómo te ha ido hasta ahora en la gira?

MALE: Bueno, la acogida ha sido fenomenal. En México se vendieron todas las entradas en cuatro horas y tuvimos que añadir dos conciertos más el fin de semana pasado.

FEMALE: Tú y tu grupo estarán contentísimos. La última vez que te entrevisté dijiste que no harías otra gira por tantos países a la vez.

MALE: Claro, mi esposa acababa de tener un hijo y nos era muy duro no compartir esos primeros días juntos. Ya sabes que soy un hombre que valora mucho a su familia y aunque el éxito es importante para mí, mi familia es lo primero.

FEMALE: ¿Y cómo has podido remediar la situación esta vez?

MALE: Mi esposa y yo viajamos juntos. Ella está conmigo casi las veinticuatro horas del día. Mi hijo Joaquín ya tiene cuatro años y le es más fácil viajar con nosotros. Además disfruta cuando visitamos diferentes ciudades y ya se puede ver que le encanta la música.

FEMALE: ¿Y qué harás cuando termine la gira?

MALE: Mi familia y yo pensamos descansar por unos meses. Acabo de comprar un rancho en las afueras de Guadalajara y allí podré montar a caballo todo el día, mi pasatiempo favorito. Además, ya pronto, Joaquín va a empezar a ir a la escuela y quiero que su vida escolar no se vea interrumpida con viajes.

FEMALE: Bueno, Jorge, ha sido un gran placer. Te agradezco que hayas tenido el tiempo y la amabilidad de hablar conmigo otra vez. A tus aficionados siempre les gusta saber de tus éxitos.

MALE: Gracias, Carmela. Espero verte esta noche en el concierto.

FEMALE: Así lo espero.

DIALOGUE NUMBER 2

Guillermo y Teresa hablan sobre sus planes para el verano.

MALE: Por fin he resuelto algo que me tenía preocupado desde hace tiempo.

FEMALE: ¿Me dejas adivinar? ¿Ya no estás interesado en Rosita? ¿Vas a pasar las vacaciones viajando con tus primos? ¿No vas a desilusionarte si no te aceptan en la universidad de tu preferencia?

MALE: Bueno, casi acertaste. Ya decidí lo que voy a hacer durante las vacaciones de verano antes de empezar mis estudios universitarios. Como tuve tan buenas experiencias cuando asistía a los campamentos cuando era joven, pienso trabajar como ayudante y consejero en uno de ellos. Es divertido, pagan bien y me encantan los niños. Además tiene otras ventajas; no tendría que gastar nada ni en comida, ni en vivienda. Podré ahorrar lo suficiente para gastarlo en lo que quiera cuando ingrese en la universidad.

FEMALE: Me parece una idea formidable. Oye, ¿podrías conseguirle un trabajito a tu mejor amiga? Yo también economizaría algún dinerito para poder divertirme cuando quiera descansar de los estudios. A la vez podremos estar juntos durante el verano ya que el próximo año no asistiremos a la misma universidad. ¿Qué te parece la idea?

MALE: Me encanta. Pero tendré que hablar con el director del campamento. Tal vez sea muy tarde para conseguirte trabajo, pero nunca se sabe.

FEMALE: Recuerda que estoy dispuesta a aceptar cualquier trabajo. Por favor, trata de ayudarme. A mí también me gustan los niños.

DIALOGUE NUMBER 3

Escuchen la siguiente conversación entre Mateo y Marta sobre una invitación que le ofrece Mateo.

MALE: Oye Marta, ¿puedes acompañarme al partido de fútbol este sábado? Nuestro equipo va a jugar y ya sabes quién va a ser la estrella, ¿no?

FEMALE: Me encantaría pero no puedo, Mateo. Además de las tareas tengo que ayudar en casa porque esperamos visitas este fin de semana.

MALE: Pero tú no tienes que preocuparte por lo de las tareas; puedes acabarlas rápidamente ya que todas las asignaturas son fáciles para ti. Yo no veo ningún problema. Si quieres, te ayudo con el trabajo de la casa.

FEMALE: ¿De veras? Mira, si quieres ayudarme te diré cómo puedes hacerlo. Tengo que escribir una composición para la clase de español y no sé por dónde empezar. Pocas veces me he sentido tan inútil como me siento con referencia a esta tarea. Estoy perdida, no sé qué decir, ni pensar, ni escribir.

MALE: ¿Tú? ¿Perdida? ¿Una de las mejores alumnas de la clase de español? ¿Tú? No te lo creo. Bueno, ¿cuál es la famosa tarea?

FEMALE: Te lo digo si me prometes no reírte, aunque fue lo primero que yo hice al saber lo que teníamos que hacer.

MALE: Te lo prometo. Vamos, ¡qué gran secreto!

FEMALE: Tenemos que escribir una composición sobre . . . sobre . . . sobre una escuela para pulpos. ¿Puedes imaginarte semejante disparate?

MALE: ¿Una qué? ¿Para qué? Tu profesora debe estar loca. No . . . , pensándolo bien me parece una idea magnífica. Imagínate lo fantástico que sería si tuviéramos ocho brazos. Imagínate todas las cosas que podríamos hacer al mismo tiempo.

FEMALE: No se me habían ocurrido tales ventajas.

MALE: No te entusiasmes tanto, desgraciadamente tienes sólo dos brazos. Y volviendo al asunto del juego del sábado, ¿cuento contigo?

FEMALE: Por supuesto, me has dado una idea para la composición. Me levantaré muy temprano. Trataré de cumplir con todas mis obligaciones antes del mediodía y así podré acompañarte. ¡Qué lástima que no seamos pulpos! Y muchas gracias por tu invitación, Mateo.

DIALOGUE NUMBER 4

Escuchen la siguiente conversación entre una locutora de televisión y un crítico de cine.

FEMALE: Y ahora, queridos televidentes, tenemos como de costumbre todos los viernes, a nuestro inimitable cineasta Diego Cuesta que nos informará sobre las últimas películas presentadas esta semana. Buenas noches, mi estimado Diego, ¿qué hay de nuevo?

MALE: Buenas noches, Ramona. Buenas noches, amigos. Hay mucho de nuevo, pero poco bueno. Parece que todos los estudios se han puesto de acuerdo esta temporada para aburrirnos o para horrorizarnos con sus producciones. Hoy voy a comentar exclusivamente sobre la única película que vale la pena ver por las muchas cualidades que voy a mencionar.

FEMALE: Bueno, Diego, es que tú tienes fama de ser un crítico muy exigente. Mientras algunos de tus compañeros elogian tal o cual película, tú mantienes que casi ninguna sirve para nada. Pero, al grano, ¿qué nos tienes para hoy?

MALE: Nada menos que "El espíritu de la colmena", una película española dirigida por Víctor Erice con un elenco muy especial. Todos los actores y actrices merecen ser felicitados por su magnífica actuación.

FEMALE: ¿Qué otras cosas te impresionaron?

MALE: Bueno, para decirte la verdad me impresionó todo. Pero como ya te dije lo que sobresalta es la interacción increíble entre los actores, cuya actuación se reduce, en su mayoría, a gestos. Es extraordinaria su capacidad de comunicar ideas por medio de gestos. Por supuesto la actuación, sobre todo la de las niñas, es exquisita.

FEMALE: No quiero preguntarte sobre el tema porque sería injusto para nuestros televidentes que todavía no la han visto. Además, como siempre, el tiempo se nos ha acabado. Pero me gustaría invitarte a regresar a nuestro programa la semana próxima con más tiempo para así discutir a fondo las nuevas tendencias en el cine. ¿Qué nos dirías, mi querido Diego, para concluir tus comentarios?

MALE: ¡"El espíritu de la colmena" es una película magnífica! Le doy cinco estrellas. ¡No se la pierdan! Y aquí estaré la semana próxima.

DIALOGUE NUMBER 5

Escuchen la siguiente conversación telefónica entre Joaquín y Celia. Celia lo llama para darle una gran noticia.

FEMALE: Joaquín, te llamo para darte una gran noticia. No puedo dejarlo para más tarde.

MALE: No me hagas esperar ni un segundo, Celia. Tú siempre tienes esa mala costumbre.

FEMALE: ¡Qué forma de contestarme! Tú eres la primera persona a quien llamo y me contestas de esa manera tan fea.

MALE: Vamos, Celia, ya empiezas. ¿Ves cómo tengo razón? Hace siglos que estás en el teléfono, me tienes intrigado y lo único que haces es quejarte de mis comentarios. A veces eres un poco desagradable. Dime la gran noticia, por favor.

FEMALE: Bien, aquí va. Me voy de vacaciones por tres meses.

MALE: ¿De vacaciones por tres meses? ¿Adónde? ¿Cuándo lo decidiste?

FEMALE: Voy al Brasil porque mi abuelita quiere premiarme por mis buenas notas y como regalo de graduación. Pienso salir tan pronto como tenga listos el equipaje y el pasaporte.

MALE: ¡Qué suerte tienes, chica! ¡Cómo te envidio! Con razón estás tan entusiasmada.

FEMALE: Lo único es que preferiría ir a un país donde pudiera hablar español. No sé hablar portugués y me voy a sentir incómoda. Ya sabes lo que me gusta hablar. Pero la abuela quiere que conozca a unas famosas amigas de su juventud que viven en Río.

MALE: ¿Eso es lo que te preocupa? Vas a aprender portugués en poco tiempo, vas a probar comidas deliciosas, vas a conocer a gente fabulosa . . . ¡Y las playas!

FEMALE: Yo sabía que hablando contigo iba a sentirme mejor. Gracias, Joaquín, prometo traerte un recuerdo muy especial de esa lejana tierra.

DIALOGUE NUMBER 6

Anita es reportera y escribe para el periódico estudiantil. Escuchen la siguiente entrevista que le hace a su profesor de español.

FEMALE: Perdóneme por llegar a nuestra cita un poco tarde, señor Córdoba. Es que tuve un examen de química dificilísimo. Apenas me alcanzó el tiempo para escribir las conclusiones del experimento. Tendré que volver al laboratorio a lavar los aparatos que usé.

MALE: No te preocupes, Anita. No estoy tan viejo como para no recordar mis días de estudiante. Yo sé lo complicada que puede ser la vida durante esos años. Además, tu tardanza me dio la oportunidad de corregir unos cuantos examencitos de vocabulario antes de tu llegada. Ahora, ¿en qué puedo ayudarte?

FEMALE: Ésta es una entrevista muy rápida porque mañana sale el periódico que publicamos todas las semanas. Yo soy una de las reporteras, me toca hacer entrevistas aunque sería mejor si me tocara la fotografía. ¡Me encanta sacar fotos! . . . Bueno, basta ya de mí. Voy a empezar mis preguntas con algo muy básico: ¿Cuántos años hace que enseña español y dónde lo ha enseñado?

MALE: Hace más de treinta años. Empecé mi carrera profesional en mi país, en una escuelita rural de Tres Ríos. Toda la escuela consistía en un cuarto en el que se reunían todos los alumnos, hasta quince de ellos. Enseñaba todas las asignaturas. Era un pueblo de campo, pobre y lejano, lo único necesario era saber leer y escribir. ¡Qué diferente es mi situación hoy! Esta escuela es magnífica, los alumnos son muy interesantes, y mejor que nada, enseño el idioma en todos los niveles. He sido maestro aquí en tres escuelas.

FEMALE: ¡Qué interesante, Sr. Córdoba! Parece increíble eso de tener sólo un aula. Aquí va mi segunda pregunta, aunque ya usted me ha mencionado algunas cosas. ¿Qué le parece nuestra escuela?

MALE: Pues me parece muy bien. La parte física es imponente, con esos edificios viejos cubiertos de hiedra que dan una impresión de durabilidad, de acogimiento y serenidad. Los jardines son magníficos con sus árboles de sombra y el césped casi siempre verde. En cuanto a los cursos, es increíble la variedad que se ofrece: todas las artes, hasta la imprenta y la carpintería, las obras de teatro preparadas y dirigidas por los estudiantes y sobre todo, me ha impresionado mucho el espíritu de comunidad que se difunde en todo. He observado que esa cualidad, felizmente, se extiende hasta fuera de la escuela.

FEMALE: Me siento muy bien después de nuestra conversación. Veo que usted es ya uno de los nuestros y que el espíritu que gobierna la escuela es también parte de su vida. Más tarde viene Juan a tomarle una foto. Gracias, señor Córdoba.

MALE: Muchas gracias a ti. Nos vemos mañana durante la clase de literatura. Hasta luego, Anita.

DIALOGUE NUMBER 7

La siguiente es una entrevista ficticia entre una reportera y un coronel. Este coronel es el personaje principal de una obra de Gabriel García Márquez titulada *El coronel no tiene quien le escriba*. La reportera le hace preguntas al coronel sobre su esposa así como de su paraguas y su gallo, dos símbolos muy importantes en la obra.

FEMALE: Coronel, siempre me han intrigado varios aspectos de su vida. ¿Me permite hacerle unas pocas preguntas sobre ellos?

MALE: Está bien, siempre que usted no sea indiscreta y se limite a cuestiones no muy personales.

FEMALE: Pues, manos a la obra. Me gustaría preguntarle si usted ha considerado alguna vez que su esposa es una majadera. De vez en cuando hace cosas que volverían a cualquiera loco.

MALE: Pues, verá usted que no. Es verdad que tiene sus idiosincracias; yo también las tengo y estoy seguro de que usted también las tiene. Pero ella es buena y ha sido muy paciente. Ha esperado y desesperado conmigo por muchos años.

FEMALE: Otra cosa que me intriga es lo del paraguas. ¿Por qué lo considera de una forma tan poética?

MALE: Señora, cuando se tiene tan poco como tengo yo, cuando lo único que queda después de muchos años monótonos y tristes es la esperanza, entonces hay que encontrar la belleza hasta en lo más simple. ¿Usted no ha contemplado nunca las estrellas? Se lo aconsejo. Es un espectáculo de una inmensidad estupenda. Y se ven muy bien a través de los agujeros de mi paraguas.

FEMALE: Por último, ¿podría decirme si el gallo ganó?

MALE: La forma más simple de contestarle es que el gallo nunca perdió.

FEMALE: ¡Excelente respuesta! Muchas gracias por haberme dado la oportunidad de charlar con usted. Se lo agradezco mucho.

MALE: De nada, ha sido un placer.

> Directions: You will now listen to a selection of about five minutes' duration. You should take notes in the blank space provided. You will not be graded on these notes. At the end of the selection, you will read a number of questions about what you have heard. Based on the information provided in the selection, select the BEST answer for each question from among the four choices printed in your test booklet and fill in the corresponding oval on the answer sheet.
>
> Instrucciones: Ahora escuchará una selección de unos cinco minutos de duración. Se le recomienda tomar apuntes en el espacio en blanco de esta hoja. Estos apuntes no serán calificados. Al final de la selección usted leerá una serie de preguntas sobre lo que acaba de escuchar. Basándose en la información de la selección, elija usted la MEJOR respuesta a cada pregunta de las cuatro opciones impresas en su libreta de examen y rellene el óvalo correspondiente en la hoja de respuestas.

NOW GET READY TO LISTEN TO THE FIRST NARRATIVE.

NARRATIVE NUMBER 1

La siguiente selección trata de la yerba mate y de lo que sucedió una vez en Argentina.

La yerba mate es una planta cuyas hojas se emplean para hacer té. Este té conocido mundialmente como mate es una bebida estomacal, excitante y nutritiva. Hoy día continúa siendo parte de la tradición y de la vida diaria de los argentinos. Pero, ¿sabías que hubo una época en que el mate fue prohibido en la Argentina? Esta bebida, que había sido consumida desde hacía mucho tiempo por los indios guaraníes a la llegada de los españoles, era muy apreciada por los hechiceros que la usaban en ceremonias religiosas. En 1616, el gobernador de Buenos Aires dictó una ley en la que se prohibía el consumo de la yerba mate. Esta prohibición surgió como resultado del consumo excesivo por parte de los colonizadores españoles. Los españoles, a diferencia de los indígenas, se convirtieron en adictos a la yerba hasta el punto de que sus labores sufrieron, aunque al principio de su llegada no le habían prestado mucha atención. Los indígenas, que ya estaban acostumbrados a tomarlo, lo hacían como una actividad más de la vida cotidiana. Generalmente lo tomaban sólo una vez al día, al contrario de los españoles que lo tomaban constantemente.

Este vicio llegó a ser una vergüenza para los españoles, convirtiéndolos en hombres perezosos; y los religiosos lo veían como una bebida satánica que destruía al ser humano. Por estas razones, la ley prohibía comprar o vender la yerba y esta actividad era considerada un gran delito. Al mismo tiempo el gobernador ordenó recoger toda la yerba que se encontrara en la ciudad y en un acto público la hizo quemar en la Plaza Mayor. Eventualmente, la situación cambió, y los indígenas y los demás habitantes de Buenos Aires pudieron una vez más disfrutar del sabroso mate hasta nuestros días.

NARRATIVE NUMBER 2

Escuchen la siguiente selección sobre Mafalda, el personaje de tiras cómicas más popular del mundo de habla hispana, y sobre su creador, Quino.

Sin duda alguna, ustedes han leído las historietas de las tiras cómicas de Charlie Brown, el personaje famoso y tan arraigado en la cultura de los Estados Unidos. Pero, ¿han oído hablar ustedes de Mafalda? Para aquéllos que no la conozcan, Mafalda es el personaje de tiras cómicas más famoso de habla hispana. Se puede describir a Mafalda como una chica que hace constantemente preguntas, preguntas de fondo filosófico muchas veces que nos hacen pensar a todos. Es inconformista, inquieta y esto hace que nosotros nos sintamos inquietos por sus preguntas y declaraciones. Constantemente trata de buscar soluciones a los problemas del mundo, una de sus preocupaciones más agudas.

Muchos la consideran como una figura emblemática, símbolo de nuestros tiempos. Nace en una familia argentina de los años sesenta. De clase media y con aspiraciones de mejorar su vida, denuncia la injusticia y critica la falta de igualdad en la distribución de la riqueza.

En el año 1994, Mafalda cumplió treinta años y con motivo de la celebración se ha producido un video como homenaje a su creador, Quino. Esta cinta, que consiste en episodios de Mafalda, no tiene diálogo y colaboraron en ella unas cien personas. Como parte de la celebración también se llevó a cabo un coloquio en el que participaron escritores e importantes figuras del mundo artístico.

Hablemos brevemente del creador de Mafalda, Quino. Quino nació en Argentina, de padres andaluces. Allí estudió en la Escuela de Bellas Artes. Después de varios años de estudio decidió abandonar la escuela ya que quería dedicarse a otro tipo de arte, el arte de la vocación que lo llamaba. Pasaron varios años antes de que pudiera vender sus tiras cómicas, pero por fin en 1950 consiguió vender la primera. En 1964, presentó al público la primera tira de Mafalda, que ayudó muy pronto a traerle gran fama a nivel internacional. Sobre la familia de Mafalda, sabemos que su madre es ama de casa y pianista frustrada. Su padre es corredor de seguros, y su hermano Guille, un chico travieso que siempre escribe y pinta en las paredes. Los amigos de Mafalda, Felipe, Manolito, Susanita, Miguelito y Libertad, son un poco neuróticos, pero la ayudan a llevar a cabo su propósito de "heroína de nuestro tiempo".

El éxito de Mafalda continúa a nivel internacional. Ha sido traducida a doce idiomas y se dice que ya se han vendido más de doce millones de ejemplares de sus libros en todo el mundo.

NARRATIVE NUMBER 3

Ahora escuchen una corta selección sobre los incas y algunos datos sobre su trabajo con metales.

Los incas, desde tiempos prehistóricos, eran grandes metalúrgicos. Trabajaban en toda clase de metales; el oro, la plata, el cobre y el estaño, con los cuales elaboraban objetos de arte, artículos de protección personal y hasta instrumentos utilizados en operaciones quirúrgicas. Por supuesto, los objetos religiosos creados por los incas ocuparon un lugar de gran importancia en esta civilización. Los dioses principales de los incas eran el sol y la luna. Debido a su resplandor, era lógico escoger el oro para decorar el Templo del Sol y la plata para el Templo de la Luna. "La ciudad de los Reyes", hoy Lima, se convirtió en la ciudad más importante de América y el cerro de Potosí, en la mina de plata más famosa del mundo. Con la llegada de los españoles, múltiples tesoros incas fueron transportados a España, pero a causa de los huracanes, algunas naves de la llamada flota de la plata naufragaron, o sea se hundieron, y sus restos se encuentran actualmente en el fondo del mar. Hoy, todavía hay buscadores de tesoros que se dedican a localizar galeones españoles cargados de metales preciosos y de joyas que habían sido destinados a la corona de España, pero pocos han tenido éxito. Sin embargo, uno de los más importantes descubrimientos ha sido el del barco Atocha con una carga valorada en varios millones de dólares.

Los conquistadores españoles malgastaban la plata y el oro de forma excesiva. Tenían platos de oro, bañeras de plata, y otros lujos extravagantes. Todos estos objetos fueron hechos por orfebres que usaban la técnica europea, delegándoles a los incas el trabajo casi insoportable en las minas de plata. Sin embargo ocurrió algo inevitable con las obras de los conquistadores: la influencia de la cultura inca, ya fuera por necesidad o por uso, se manifestó en el arte. Podemos observar cómo algunos de los objetos metálicos de esa época muestran, definitivamente, la influencia cultural de ambos grupos, sobre todo en referencia a símbolos religiosos. Aunque sabemos que el precio de un metal, en ciertos casos, es la clave para evaluarlos, muchos de estos objetos existen hoy, admirados en colecciones y en museos, debido al carácter dado por sus inimitables artífices.

NARRATIVE NUMBER 4

Escuchen la siguiente selección sobre José Carreras. José Carreras es uno de los tenores españoles más importantes de nuestra época. Ha trabajado con las compañías de ópera más conocidas del mundo. He aquí algunos datos sobre este extraordinario cantante.

Nació en Barcelona, pero cuando tenía cuatro años, él y su familia se trasladaron a la Argentina por razones económicas y políticas. Sin embargo, este cambio de residencia no les dio resultado y regresaron a España. Cuando tenía muy pocos años, seis o siete, Carreras trataba de imitar a Mario Lanza cantando las arias del gran Caruso. Sus padres pensaron que ese amor a la música podría ser una verdadera vocación y a los ocho años lo matricularon en el Conservatorio de Barcelona. La música, además de ser más que nada su profesión, es la única manera en que puede expresar sus emociones más profundas, las cuales puede comunicar al público muy fácilmente. Además de la ópera, Carreras es gran aficionado al Cante Jondo, a la música pop y al rock. Con esta afición a los diferentes tipos de música, la única distinción que él hace es entre la buena y la mala música. Según Carreras, comparada a otras artes, la música se distingue de las otras artes por una razón muy particular: se produce instantáneamente, aunque la música y la literatura en conjunto hacen el perfecto matrimonio: la ópera.

Hace unos años Carreras descubrió que padecía de leucemia, pero esta noticia no detuvo su deseo de vivir y de luchar por vencer la enfermedad. Hoy en día ha regresado al escenario y sigue cantando tan bien como antes. En 1992 dirigió la música de los Juegos Olímpicos en Barcelona y en 1994, junto a Plácido Domingo y Luciano Pavarotti, participó en el concierto del siglo en el estadio de Los Ángeles. Carreras cree que el apoyo que recibió de numerosas personas le ayudó a vencer la enfermedad. Ahora ha creado una fundación a la que pertenecen científicos tanto americanos como españoles, con el propósito de contribuir a las investigaciones y experimentos hasta lograr una cura para esta enfermedad. El mensaje que nos deja José Carreras, con referencia a la leucemia, es que es una enfermedad muy seria pero hay esperanza de recuperación. Según él, lo más importante es querer mejorarse; hay que luchar contra la enfermedad usando, al máximo, todos los recursos internos. Él piensa que es sorprendente lo maravilloso que son estos recursos. Hoy día su público sigue deleitándose con su inimitable voz, gracias a su determinación.

NARRATIVE NUMBER 5

Escuchen ahora una corta selección sobre la historia y los usos del chocolate.

Entre los aportes comestibles que América hizo al mundo hay uno que, sin duda, da más placer que todos los demás. Cuando uno busca darse gusto, no se piensa en comer ni papas ni papaya, sino chocolate.

De su humilde origen, tan poco prometedor, el chocolate ha llegado a ser una industria de 3.500 millones de dólares en los Estados Unidos solamente. En Suiza se consumen anualmente unos 10 kilos por persona de los excelentes bombones del país, y todas las semanas los belgas envían sus "trufas" de chocolate por avión a las principales capitales del mundo.

Desde el principio, el chocolate fue considerado un don del cielo, alimento de los dioses. Los aztecas tenían un mito muy detallado acerca de su origen divino. Según la leyenda, el dios Quetzalcóatl vino a la tierra en un rayo del lucero de la mañana trayendo consigo una planta de cacao robada del paraíso. Les enseñó a los aztecas a tostar las semillas, a molerlas y a hacer una pasta nutritiva, soluble en agua, para hacer "chocolatl". Los otros dioses impusieron un severo castigo a Quetzalcóatl por haber robado la planta, pero el chocolate se quedó para siempre en la tierra.

Aun en aquella época lejana, el chocolate apasionaba a muchos. De hecho, es probable que Moctezuma II, último emperador azteca, fuera el aficionado más grande que ha tenido el chocolate en la historia de la humanidad. Según los cronistas, Moctezuma bebía hasta 50 jarros de chocolate al día. También proporcionaba más de 2.000 jarros de chocolate diariamente a sus tropas, lo cual era una hazaña logística, aun si se tiene en cuenta que en aquel tiempo el chocolate se servía frío.

No obstante, parece que los primeros europeos no se sintieron atraídos por aquella bebida amarga. Algunos pensaban que el chocolate era "más adecuado para los animales que para las personas". A los españoles no sólo les pareció amargo el chocolate, sino que el pedazo de chile picante que le echaban los aztecas debió de sobresaltar su paladar europeo.

La afición que desarrollaron los españoles al chocolate se explica en gran parte por el hecho de que no tardaron en mejorar el método azteca de preparación. Además de servirlo caliente, le empezaron a poner azúcar —manera eficaz de contrarrestar el amargor natural del cacao. Los españoles también tuvieron el acierto de añadirle distintos sabores, entre ellos vainilla, nuez moscada, clavo, pimienta de Jamaica, canela, anís y agua de azahar.

Aparte de proporcionar energía rápidamente, se creía que el chocolate con azúcar curaba una serie de enfermedades desde los padecimientos originados por el calor, hasta los problemas digestivos y el catarro. Se contaba también que un hombre había llegado a los 100 años tomando sólo chocolate caliente y bizcochos desde que tenía 70, y que a los 85 era tan fuerte y tan ágil que hacía todo tipo de actividad física sin ayuda.

Aunque en el mundo occidental abundan los postres de chocolate, pocas cocinas lo usan en platos salados. En Sicilia los siracusanos le agregan un poco de salsa de chocolate a la caponata, famoso plato hecho de verduras guisadas. A los alemanes les gusta la sopa de chocolate y las tartas de papas y chocolate. Mientras tanto, en México, los mismos aficionados que hoy comen barras de chocolate, lo beben caliente casi igual que sus antepasados.

Los gastrónomos estarán de acuerdo en que la antigua combinación azteca de chocolate y chiles no se ha perdido, sino que perdura en uno de los grandes platos del Hemisferio Occidental: el mole poblano.

NARRATIVE NUMBER 6

Escuchen un comentario sobre el papel de las mujeres que vivían en Sudamérica durante la época de la independencia.

La lucha por la independencia en el norte de Sudamérica (lo que hoy es Venezuela, Colombia y Ecuador) entre los años 1810 y 1822 se ha examinado a fondo y en detalle. Los historiadores han estudiado a los líderes, además de las causas y los efectos de las revoluciones, pero se ha prestado poca atención a las mujeres que participaron en la lucha. Como en 1810 las mujeres constituían la mitad de la población, es necesario valorar sus actos y su aporte para comprender mejor la época revolucionaria.

En los tiempos coloniales, las mujeres estaban destinadas al hogar o al convento, esferas femeninas tradicionales. Las costumbres, la tradición, la iglesia católica y la falta de oportunidades económicas determinaban que el matrimonio fuera la meta de las aspiraciones de la mayoría de las mujeres hispanoamericanas. Una vez casadas, la vida de las criollas, o sea, las hijas de padres españoles nacidas en América, no era nada aburrida, pues tenían muchísimas obligaciones caseras que atender. Las casas coloniales eran centros de actividad doméstica y de subsistencia, y la señora de la casa lo supervisaba todo, desde la preparación de la comida hasta la recolección de las cosechas.

La vida religiosa tenía gran atracción para algunas mujeres, porque en esa época la Iglesia era muy poderosa y la religión penetraba en muchos aspectos de la vida cotidiana. En realidad, la atracción de la vida religiosa era tan grande que muchas jóvenes la preferían al matrimonio, reduciendo el número de jóvenes casaderas de clase alta.

En los tiempos de la colonia, en las ciudades principales había muchos conventos, fundados en gran parte por viudas ricas que deseaban profesar la religión. La vida del convento no era triste, rígida ni restrictiva —en realidad, en los conventos reinaba un ambiente más bien agradable y mundano. Las monjas recibían visitas, cantaban, bailaban, actuaban en piezas teatrales, daban fiestas y tenían criadas.

Dentro de los muros de los conventos, algunas monjas se hicieron famosas como místicas, escritoras y artistas. La Madre Castillo fue la figura literaria más destacada de la Nueva Granada en el siglo XVIII. Su autobiografía, *Sentimientos espirituales*, diario de sus devociones íntimas, fue comparado con las obras de Santa Teresa de Ávila, otra escritora mística de gran importancia en las letras españolas.

A pesar de que muchas mujeres llevaban una vida tranquila y tradicional, las condiciones sociales, políticas y económicas del momento despertaron y estimularon la conciencia política femenina, y las mujeres se unieron a los hombres para oponerse a la dominación española. Las mujeres desempeñaron un papel de importancia fomentando y difundiendo el espíritu de independencia en los años anteriores a la ruptura con España. En todas las ciudades importantes, las mujeres instruidas organizaban tertulias literarias, en las que los políticos, letrados y sus esposas se reunían para hacer públicas sus quejas contra los peninsulares, discutir ideas radicales y planear la revolución. Josefa Joaquina Sánchez, esposa de José María España, desempeñó un papel particularmente espectacular, ya que, después de ser descubierta la conspiración, ocultó a su marido de las autoridades, incitó a los esclavos a alzarse y distribuyó escritos subversivos por las calles de Caracas.

Miles de soldaderas, conocidas por "juanas" o "cholas", siguieron a los militares en sus campañas por la Gran Colombia. En muchos casos, estas mujeres eran las esposas (a veces embarazadas) de los soldados de infantería y éstas los seguían para atenderlos y apoyar la causa. Como era difícil servir al ejército en esos tiempos, las tareas que estas mujeres realizaban a favor de las tropas eran de gran valor. Viajaban a pie miles de kilómetros, cocinaban, enterraban a los muertos, cuidaban a los enfermos y, a veces, hasta tomaban las armas. A menudo, las juanas que conocían los remedios médicos y tradicionales lograban salvar la vida de los heridos.

Hay muchos casos de mujeres que, por su cuenta, lucharon junto a los insurgentes contra los españoles. No se animaba a las mujeres a pelear, pero si se presentaba la oportunidad, muchas participaban en la lucha por voluntad propia. La idea del reclutamiento de mujeres era inaudita en la América del Sur y las mujeres nunca pertenecieron oficialmente al ejército insurgente ni aparecieron en las nóminas del ejército. Cuando se trasladaban con las tropas de manera regular, lo hacían disfrazadas. Las mujeres se vistieron de hombre y lucharon valerosamente en todas las campañas de Nueva Granada durante el año de 1819.

Pese a que algunas mujeres de la Gran Colombia participaron en las conspiraciones antiespañolas anteriores a 1810 y de que muchas respaldaron las guerras de independencia y participaron en ellas, la vida no cambió mucho para las mujeres durante los decenios que siguieron al cese de hostilidades. El concepto de la igualdad femenina o de los derechos de las mujeres no se desarrolló como resultado de la lucha revolucionaria. La mayoría de las mujeres volvieron a casa o al convento y reanudaron sus tareas. De ahí que las revoluciones de independencia fueron notablemente conservadoras y poco revolucionarias desde el punto de vista de la situación social, política y legal de las mujeres. No hubo cambios de importancia en la vida de las latinoamericanas hasta el siglo XX, cuando las reformas políticas, económicas y sociales relajaron hasta cierto punto la estructura social e institucional y les concedieron a las mujeres la oportunidad de abandonar sus papeles tradicionales, si así lo deseaban.

NARRATIVE NUMBER 7

Escuchen la siguiente selección sobre la papa.

Parece increíble que en tiempos pasados gran parte del mundo no conociera la papa. Hoy día la papa es tan común que la podemos encontrar en cualquier supermercado, pero hace menos de 500 años sólo la conocían los indios que desde tiempos inmemoriales vivían en las alturas de los Andes. No fue sino hasta mediados del siglo XVI que la papa llegó a conocerse en el resto del mundo. Los hombres que la "descubrieron" no se dieron cuenta de que habían dado con algo mucho más valioso que el tesoro de las Indias que buscaban con tanto ahínco.

Los incas sí se habían dado cuenta del valor de esa planta alimenticia, que se cultivaba en elevaciones donde no se podía cultivar ninguna otra cosa y desarrollaron una manera compleja de cultivarla en terrazas en las laderas de las montañas.

Aunque no se conocen ni la fecha ni el lugar exactos en que los españoles se encontraron por primera vez con la papa, los historiadores suelen mencionar el decenio de 1530 y la zona fronteriza entre el Ecuador y el sur de Colombia. Lo que sí sabemos con absoluta certeza es que su descubrimiento constituyó un hecho importante en la historia de la humanidad.

Unos 30 años después de ser descubierta, la papa llegó a España, desde donde fue difundiéndose lentamente por Europa hasta llegar a extenderse por el mundo entero.

La historia de la papa está llena de misterios, intrigas, supersticiones y leyendas. Los hombres la han adorado, se han sacrificado y luchado por ella, le han tenido miedo y han sobrevivido gracias a ella. Es la única hortaliza que ha dado nombre a una guerra: la llamada Kartoffelkrieg o Guerra de las Papas de 1778 a 1779, entre Prusia y Austria, en la cual los ejércitos enemigos se robaban uno a otro las papas y se las comían hasta que se acabaron y dejaron de guerrear.

La papa fue el primer alimento que la humanidad aprendió a conservar a base de congelación y deshidratación en las nieves andinas, hace 2.000 años. La papa congelada o seca, llamada chuño, todavía se considera una exquisitez en los países de los Andes. Con las papas se puede hacer vodka, cola y combustible para autos. Las papas pueden cocinarse de tantas maneras que hay para satisfacer todos los gustos y bolsillos.

La primera mención escrita de la papa se halla en *La crónica del Perú*, de Pedro Cieza de León, escrita en 1550. Cieza habla de una planta, que no es el maíz, que los habitantes de una zona cercana a Quito usaban principalmente como alimento. Sin embargo, pasaron dos siglos antes de que se reconociera la importancia de la papa. Cuando llegó a Europa, unos 30 años después de su descubrimiento, la papa fue acogida con temor, desdén y desconfianza. Los únicos que la incorporaron a su dieta desde un principio fueron los irlandeses, pues vino a llenar un vacío en su país tan necesitado de un alimento básico. En otros lugares, las papas se usaron como plantas ornamentales. La papa también servía de alimento para el ganado y, por lo general, se creía que en las personas causaba raquitismo, lepra y otras enfermedades.

Sin embargo, no hay cifras que den una idea adecuada de las posibilidades de la papa. Con sólo visitar un mercado de hortalizas de un país andino se aprecia la papa en todo su esplendor. Hay papas de todos los tamaños, formas y colores imaginables, ordenadas cuidadosamente en montones dispuestos en hileras. No obstante, cada una tiene su función particular: según su sabor, su consistencia y su textura sirven para acompañar un plato u otro.

Si ustedes están interesados en saber más sobre la papa, la respuesta está en Washington, D.C., donde se puede visitar el Museo de la Papa. En este museo se ponen de relieve la historia, el uso y la importancia de la papa a través de un espectacular despliegue de recuerdos y objetos de todas clases. El fundador de esta singular institución cultural fue un maestro joven, E. Thomas Hughes II. Él nunca les había prestado mucha atención a las papas hasta que fue a trabajar a Bélgica y se dio cuenta de que los belgas, sin distinción de clase, tenían un sembrado de papas en el huerto. Esto le intrigó y les encargó a sus estudiantes que investigaran el asunto. Los resultados le abrieron un mundo nuevo y empezó a coleccionar todo lo relacionado con las papas.

El Museo de la Papa fue fundado en las afueras de Bruselas en 1975 y en 1983 se trasladó a Washington, D.C. La mayor parte de la colección del museo está en cajas todavía, en espera de un local apropiado. Pero en la casa de Thomas Hughes, en el barrio de Capitol Hill, hay varios centenares de objetos expuestos. Hay libros raros, láminas históricas, afiches, escarabajos de la papa en alcohol, juguetes, maquinaria agrícola, una cesta tejida de cáscaras de papa, y todo tipo de peladores y aplastadores de papas. En un lugar de honor hay un chuño en una caja de plástico transparente. Hasta ahora, es el único objeto sudamericano que hay en el museo. Pero Hughes tiene muchas esperanzas de que muy pronto podrá añadir a su colección una vasija inca en forma de papa.

Hoy día al igual que en el pasado, la papa constituye la gran esperanza de la humanidad para sobrevivir en un mundo donde el crecimiento demográfico amenaza con sobrepasar la producción de alimentos.

UNIT XII

> Directions: Now you will be asked to respond to a series of questions. Listen carefully to each question, since your score will be based on your comprehension of the questions, as well as the appropriateness, grammatical accuracy, and pronunciation of your response. You should answer each question as extensively and fully as possible. If you hear yourself make an error, you should correct the error. If you are still responding when you hear the speaker say, "Now we will go on to the next question," stop speaking and listen. Do not be concerned if your response is incomplete.
>
> Each question will be spoken twice. The questions are not printed in your booklet. In each case, you will have twenty seconds to respond. For each question, wait until you hear the tone signal before you speak.

SECTION 1

La escuela

1. ¿Cuál es tu asignatura favorita? ¿Por qué? . . . ¿Cuál es tu asignatura favorita? ¿Por qué?
2. Explícales a tus padres por qué sacaste tan mala nota en el examen . . . Explícales a tus padres por qué sacaste tan mala nota en el examen.
3. Después de terminar tus estudios, ¿cómo te gustaría ganarte la vida? ¿Por qué? . . . Después de terminar tus estudios, ¿cómo te gustaría ganarte la vida? ¿Por qué?
4. Cuando estabas en la escuela primaria, ¿qué hacían tú y tus compañeros durante la hora de recreo? . . . Cuando estabas en la escuela primaria, ¿qué hacían tú y tus compañeros durante la hora de recreo?
5. Convence a tus padres por qué te conviene ir a una universidad lejos de tu casa . . . Convence a tus padres por qué te conviene ir a una universidad lejos de tu casa.

SECTION 2

La familia

1. Explícale a tu padre por qué necesitas el coche esta noche . . . Explícale a tu padre por qué necesitas el coche esta noche.
2. Cuando eras pequeño, ¿cómo pasaban tú y tu familia los veranos? . . . Cuando eras pequeño, ¿cómo pasaban tú y tu familia los veranos?
3. Tus padres han salido y tienes que cuidar a tu hermanito. ¿Qué vas a hacer para entretenerlo? . . . Tus padres han salido y tienes que cuidar a tu hermanito. ¿Qué vas a hacer para entretenerlo?
4. ¿Qué carrera te aconsejan tus padres que sigas y por qué? . . . ¿Qué carrera te aconsejan tus padres que sigas y por qué?
5. Descríbele a tu primo la última película que viste . . . Descríbele a tu primo la última película que viste.

SECTION 3

Los viajes

1. Explícale al gerente del hotel por qué quieres cambiar de cuarto . . . Explícale al gerente del hotel por qué quieres cambiar de cuarto.
2. Si pudieras viajar a Hollywood, ¿a qué actor o actriz te gustaría conocer? ¿Qué comentarios le harías? . . . Si pudieras viajar a Hollywood, ¿a qué actor o actriz te gustaría conocer? ¿Qué comentarios le harías?
3. ¿Cuáles son las desventajas de viajar solo? . . . ¿Cuáles son las desventajas de viajar solo?
4. ¿Qué medio de transporte escogerías para hacer un viaje largo y por qué? . . . ¿Qué medio de transporte escogerías para hacer un viaje largo y por qué?
5. Descríbele al aduanero en el aeropuerto los regalos que has traído de tu viaje . . . Descríbele al aduanero en el aeropuerto los regalos que has traído de tu viaje.

SECTION 4

Los amigos

1. ¿Qué cualidades buscas en un buen amigo? . . . ¿Qué cualidades buscas en un buen amigo?
2. Un amigo acaba de llegar por primera vez a la ciudad donde tú vives. Cuéntale las actividades que has planeado para su visita . . . Un amigo acaba de llegar por primera vez a la ciudad donde tú vives. Cuéntale las actividades que has planeado para su visita.
3. Cuando tu mejor amiga está triste, ¿qué haces para que ella se sienta mejor? . . . Cuando tu mejor amiga está triste, ¿qué haces para que ella se sienta mejor?
4. Un amigo quiere trabajar en el mismo lugar donde tú trabajas. ¿Qué consejos le darás? . . . Un amigo quiere trabajar en el mismo lugar donde tú trabajas. ¿Qué consejos le darás?
5. Trata de convencer a tu amigo que continúe con sus estudios . . . Trata de convencer a tu amigo que continúe con sus estudios.

SECTION 5

El dinero

1. ¿Por qué es importante ahorrar dinero? . . . ¿Por qué es importante ahorrar dinero?
2. El verano pasado, cuando necesitabas dinero, ¿qué hacías para obtenerlo? . . . El verano pasado, cuando necesitabas dinero, ¿qué hacías para obtenerlo?
3. Tú has sido víctima de un robo. Explícale al policía lo que ha sucedido . . . Tú has sido víctima de un robo. Explícale al policía lo que ha sucedido.
4. ¿Qué harías si encontraras una cartera con mil dólares? . . . ¿Qué harías si encontraras una cartera con mil dólares?
5. Convence a tus padres que te presten el dinero necesario para comprar un coche . . . Convence a tus padres que te presten el dinero necesario para comprar un coche.

SECTION 6

La salud

1. ¿Por qué es recomendable ir al médico por lo menos una vez al año? . . . ¿Por qué es recomendable ir al médico por lo menos una vez al año?
2. ¿Qué haces generalmente para mantener la buena salud? . . . ¿Qué haces generalmente para mantener la buena salud?
3. ¿Qué te aconsejó el médico la última vez que estuviste enfermo? . . . ¿Qué te aconsejó el médico la última vez que estuviste enfermo?
4. Explícale al dentista por qué necesitas una cita inmediatamente . . . Explícale al dentista por qué necesitas una cita inmediatamente.
5. Si un amigo tuyo fumara, ¿qué harías para que él dejara de hacerlo? . . . Si un amigo tuyo fumara, ¿qué harías para que él dejara de hacerlo?

SECTION 7

Las responsabilidades

1. Describe las responsabilidades que tienes en casa . . . Describe las responsabilidades que tienes en casa.
2. ¿Por qué es una buena idea pensar mucho antes de tomar una decisión importante? . . . ¿Por qué es una buena idea pensar mucho antes de tomar una decisión importante?
3. Convence a tus padres que te permitan trabajar durante el año escolar . . . Convence a tus padres que te permitan trabajar durante el año escolar.
4. Tu amigo acaba de recibir la licencia de conducir, ¿qué consejos le darías? . . . Tu amigo acaba de recibir la licencia de conducir, ¿qué consejos le darías?
5. Discúlpate con tu mejor amigo o amiga por haberte olvidado de su cumpleaños . . . Discúlpate con tu mejor amigo o amiga por haberte olvidado de su cumpleaños.

SECTION 8

La música

1. ¿Quién es tu cantante favorito y por qué? . . . ¿Quién es tu cantante favorito y por qué?
2. Si tuvieras la oportunidad, ¿qué instrumento musical aprenderías a tocar? ¿Por qué? . . . Si tuvieras la oportunidad, ¿qué instrumento musical aprenderías a tocar? ¿Por qué?
3. Explícale a tu amigo por qué no pudiste ir al baile con él la semana pasada . . . Explícale a tu amigo por qué no pudiste ir al baile con él la semana pasada.
4. ¿Cuáles son las características del conjunto musical que más te gusta? . . . ¿Cuáles son las características del conjunto musical que más te gusta?
5. ¿Qué clase de música prefieres escuchar, la música clásica o la música rock? ¿Por qué? . . . ¿Qué clase de música prefieres escuchar, la música clásica o la música rock? ¿Por qué?

SECTION 9

La ciudad

1. ¿Cuáles son las ventajas de vivir en una ciudad grande? . . . ¿Cuáles son las ventajas de vivir en una ciudad grande?
2. En tu opinión, ¿por qué son importantes los parques en las ciudades densamente pobladas? . . . En tu opinión, ¿por qué son importantes los parques en las ciudades densamente pobladas?
3. ¿Qué cambios has notado últimamente en tu vecindario? . . . ¿Qué cambios has notado últimamente en tu vecindario?
4. Si pudieras escoger, ¿dónde pasarías las vacaciones, en la ciudad o en el campo? ¿Por qué? . . . Si pudieras escoger, ¿dónde pasarías las vacaciones, en la ciudad o en el campo? ¿Por qué?
5. Describe con tanto detalle como puedas tu lugar ideal para vivir . . . Describe con tanto detalle como puedas tu lugar ideal para vivir.

SECTION 10

Los animales domésticos

1. Explica si es una buena o una mala idea tener un perro en un apartamento . . . Explica si es una buena o una mala idea tener un perro en un apartamento.
2. Si encontraras un animal perdido, ¿qué harías? . . . Si encontraras un animal perdido, ¿qué harías?
3. ¿Por qué se prohibe darles de comer a los animales en el parque zoológico? . . . ¿Por qué se prohibe darles de comer a los animales en el parque zoológico?
4. ¿Por qué atrae el parque zoológico a mucha gente? . . . ¿Por qué atrae el parque zoológico a mucha gente?
5. Si pudieras tener un animal doméstico, ¿cuál tendrías? ¿Por qué? . . . Si pudieras tener un animal doméstico, ¿cuál tendrías? ¿Por qué?

SECTION 11

La casa

1. En tu casa, ¿cuál es tu cuarto favorito? ¿Por qué? . . . En tu casa, ¿cuál es tu cuarto favorito? ¿Por qué?
2. ¿Cuáles son las desventajas de vivir solo? . . . ¿Cuáles son las desventajas de vivir solo?
3. Explícales a tus padres por qué no sacaste la basura anoche . . . Explícales a tus padres por qué no sacaste la basura anoche.
4. Describe detalladamente tu casa ideal . . . Describe detalladamente tu casa ideal.
5. Generalmente, cuando estás en la escuela, ¿comes tú el almuerzo de la cafetería o lo traes de tu casa? ¿Por qué? . . . Generalmente, cuando estás en la escuela, ¿comes tú el almuerzo de la cafetería o lo traes de tu casa? ¿Por qué?

SECTION 12

Los deportes

1. En tu opinión, ¿cuál es el deporte más violento? ¿Por qué? . . . En tu opinión, ¿cuál es el deporte más violento? ¿Por qué?
2. Si pudieras conocer a un deportista famoso, ¿a quién te gustaría conocer? ¿Por qué? . . . Si pudieras conocer a un deportista famoso, ¿a quién te gustaría conocer? ¿Por qué?
3. En la escuela, ¿debe ser la educación física una asignatura obligatoria? ¿Por qué? . . . En la escuela, ¿debe ser la educación física una asignatura obligatoria? ¿Por qué?
4. ¿Qué precauciones se deben tomar antes de participar en una competencia deportiva? . . . ¿Qué precauciones se deben tomar antes de participar en una competencia deportiva?
5. ¿Qué le dirías a tu amigo para que te acompañara a un partido? . . . ¿Qué le dirías a tu amigo para que te acompañara a un partido?

SECTION 13

Los pasatiempos

1. En tu tiempo libre, ¿prefieres leer un buen libro, ver la televisión o escuchar música? ¿Por qué? . . . En tu tiempo libre, ¿prefieres leer un buen libro, ver la televisión o escuchar música? ¿Por qué?
2. Tú asististe a una obra de teatro que te gustó mucho. Convence a un amigo de que vaya a verla . . . Tú asististe a una obra de teatro que te gustó mucho. Convence a un amigo de que vaya a verla.
3. ¿Qué preparativos son necesarios para ir de viaje? . . . ¿Qué preparativos son necesarios para ir de viaje?
4. Muchas personas se divierten coleccionando diferentes objetos. ¿Qué te gustaría coleccionar? ¿Por qué? . . . Muchas personas se divierten coleccionando diferentes objetos. ¿Qué te gustaría coleccionar? ¿Por qué?
5. ¿Cuáles son las ventajas de las tarjetas de crédito? . . . ¿Cuáles son las ventajas de las tarjetas de crédito?

SECTION 14

Las estaciones del año

1. ¿Cuál es tu estación favorita? ¿Por qué? . . . ¿Cuál es tu estación favorita? ¿Por qué?
2. ¿Qué harás durante las próximas vacaciones? . . . ¿Qué harás durante las próximas vacaciones?
3. Cuando eras pequeño o pequeña y hacía mal tiempo, ¿cómo te divertías? . . . Cuando eras pequeño o pequeña y hacía mal tiempo, ¿cómo te divertías?
4. ¿Por qué es aconsejable saber el pronóstico del tiempo antes de salir de casa? . . . ¿Por qué es aconsejable saber el pronóstico del tiempo antes de salir de casa?
5. ¿Por qué es peligroso nadar en una playa desierta? . . . ¿Por qué es peligroso nadar en una playa desierta?

SECTION 15

El trabajo

1. ¿Es fácil o difícil conseguir un trabajo en la ciudad donde vives? ¿Por qué? . . . ¿Es fácil o difícil conseguir un trabajo en la ciudad donde vives? ¿Por qué?
2. ¿Qué tipo de trabajo consideras el más interesante? ¿Por qué? . . . ¿Qué tipo de trabajo consideras el más interesante? ¿Por qué?
3. Acabas de recibir dos ofertas de trabajo: uno al aire libre y otro en una oficina. ¿Cuál aceptarás y por qué? . . . Acabas de recibir dos ofertas de trabajo: uno al aire libre y otro en una oficina. ¿Cuál aceptarás y por qué?
4. Hay quienes prefieren ganar mucho dinero y estar poco satisfechos con el trabajo; otros prefieren menos dinero y más satisfacción. Explica lo que preferirías . . . Hay quienes prefieren ganar mucho dinero y estar poco satisfechos con el trabajo; otros prefieren menos dinero y más satisfacción. Explica lo que preferirías.
5. En tiempos pasados, las mujeres no trabajaban fuera de su casa; ahora muchas lo hacen. ¿Qué opinas sobre este cambio? . . . En tiempos pasados, las mujeres no trabajaban fuera de su casa; ahora muchas lo hacen. ¿Qué opinas sobre este cambio?

PART 2

Answers
Units I–XII

UNIT I

LISTENING COMPREHENSION

Dialogue no. 1
1. C
2. A
3. D
4. B

Dialogue no. 2
1. D
2. A
3. B
4. B

Dialogue no. 3
1. C
2. A
3. A
4. B

Dialogue no. 4
1. D
2. C
3. B
4. A
5. A

Dialogue no. 5
1. B
2. B
3. D
4. C
5. A

Dialogue no. 6
1. B
2. A
3. C
4. D

Dialogue no. 7
1. C
2. A
3. D
4. B

Dialogue no. 8
1. C
2. C
3. C
4. A

Dialogue no. 9
1. B
2. A
3. A
4. B

Dialogue no. 10
1. D
2. D
3. A
4. B

Dialogue no. 11
1. D
2. A
3. B
4. A
5. C

Dialogue no. 12
1. C
2. A
3. B
4. D

Dialogue no. 13
1. A
2. A
3. B
4. D
5. D

Dialogue no. 14
1. B
2. A
3. A
4. D
5. A

Dialogue no. 15
1. A
2. B
3. D
4. B
5. A

Dialogue no. 16
1. B
2. D
3. C
4. D
5. B

Narrative no. 1
1. B
2. C
3. C
4. D
5. A
6. B

Narrative no. 2
1. A
2. D
3. D
4. B

Narrative no. 3
1. A
2. C
3. D
4. C
5. B

Narrative no. 4
1. C
2. B
3. C
4. A
5. C

Narrative no. 5
1. B
2. A
3. C
4. A

Narrative no. 6
1. C
2. D
3. A
4. A

Narrative no. 7
1. D
2. B
3. A
4. A

Narrative no. 8
1. A
2. B
3. B
4. B

UNIT II

LISTENING COMPREHENSION

Dialogue no. 1
1. D
2. C
3. C
4. B
5. A

Dialogue no. 2
1. B
2. C
3. D
4. A
5. C

Dialogue no. 3
1. C
2. C
3. B
4. B
5. C
6. C

Dialogue no. 4
1. D
2. D
3. A
4. A
5. B
6. A
7. C

Dialogue no. 5
1. B
2. A
3. B
4. D
5. D
6. A

Dialogue no. 6
1. B
2. A
3. B
4. A
5. C

Dialogue no. 7
1. D
2. B
3. C
4. A
5. C

Narrative no. 1
1. A
2. D
3. C
4. A

Narrative no. 2
1. B
2. B
3. A
4. D
5. B

Narrative no. 3
1. A
2. C
3. A
4. B
5. A
6. D

Narrative no. 4
1. B
2. A
3. D
4. C
5. B
6. D

Narrative no. 5
1. A
2. A
3. C
4. B
5. B
6. C
7. D
8. A

Narrative no. 6
1. C
2. B
3. A
4. B
5. D
6. A
7. D

Narrative no. 7
1. C
2. A
3. C
4. D
5. B
6. A
7. C

UNIT III

READING—VOCABULARY

Section 1
1. B
2. C
3. B
4. A
5. D
6. D
7. C
8. B
9. D
10. A
11. A
12. B
13. C
14. A
15. A
16. D

Section 2
1. D
2. B
3. A
4. C
5. A
6. A
7. C
8. D
9. C
10. B
11. C
12. D
13. B
14. B
15. A
16. B

Section 3
1. B
2. D
3. D
4. A
5. A
6. C
7. D
8. B
9. B
10. A
11. C
12. D
13. A
14. B
15. D
16. A

Section 4
1. A
2. C
3. D
4. B
5. A
6. A
7. D
8. A
9. B
10. C
11. B
12. D
13. B
14. A
15. C
16. C

Section 5
1. D
2. B
3. C
4. A
5. D
6. A
7. B
8. D
9. C
10. B
11. B
12. C
13. A
14. C
15. B
16. C

Section 6
1. A
2. B
3. D
4. A
5. B
6. D
7. C
8. D
9. D
10. B
11. B
12. D
13. A
14. C
15. C
16. A

Section 7
1. B
2. C
3. C
4. A
5. B
6. C
7. A
8. D
9. D
10. A
11. B
12. C
13. B
14. B
15. D
16. A

Section 8
1. A
2. B
3. B
4. B
5. C
6. D
7. C
8. A
9. D
10. A
11. B
12. A
13. C
14. B
15. A
16. D

Section 9
1. C
2. A
3. D
4. C
5. A
6. D
7. C
8. B
9. B
10. D
11. C
12. A
13. B
14. C
15. B
16. A

Section 10
1. D
2. C
3. A
4. B
5. C
6. B
7. B
8. A
9. A
10. C
11. A
12. A
13. D
14. B
15. C
16. D

Section 11
1. A
2. D
3. C
4. B
5. A
6. C
7. B
8. A
9. D
10. D
11. C
12. A
13. B
14. C
15. D
16. C

Section 12
1. B
2. C
3. A
4. D
5. C
6. B
7. A
8. D
9. A
10. B
11. D
12. D
13. A
14. C
15. B
16. C

Section 13
1. A
2. D
3. A
4. C
5. C
6. B
7. D
8. D
9. A
10. B
11. B
12. C
13. A
14. A
15. C
16. D

Section 14
1. A
2. C
3. A
4. B
5. C
6. C
7. A
8. C
9. A
10. D
11. A
12. D
13. B
14. C
15. D
16. D

Section 15
1. C
2. D
3. B
4. B
5. A
6. A
7. B
8. D
9. A
10. D
11. A
12. C
13. A
14. C
15. C
16. C

UNIT IV

READING—STRUCTURE

Section 1
1. B
2. C
3. D
4. B
5. A
6. B
7. A
8. B
9. D
10. C
11. D
12. B
13. B
14. C
15. D
16. A

Section 2
1. D
2. B
3. C
4. C
5. A
6. B
7. D
8. B
9. A
10. C
11. D
12. A
13. C
14. D
15. D
16. A

Section 3
1. D
2. A
3. C
4. D
5. D
6. A
7. A
8. C
9. B
10. C
11. A
12. D
13. C
14. A
15. B
16. D

Section 4
1. B
2. C
3. D
4. A
5. C
6. A
7. D
8. C
9. B
10. A
11. C
12. B
13. D
14. A
15. B
16. C

Section 5
1. C
2. C
3. A
4. D
5. B
6. C
7. D
8. D
9. C
10. D
11. A
12. B
13. D
14. D
15. C
16. B

Section 6
1. C
2. C
3. A
4. D
5. A
6. B
7. C
8. A
9. C
10. A
11. A
12. D
13. B
14. C
15. B
16. D

Section 7
1. A
2. A
3. B
4. C
5. A
6. C
7. D
8. A
9. D
10. C
11. C
12. B
13. C
14. B
15. A
16. D

Section 8
1. A
2. D
3. C
4. A
5. D
6. A
7. C
8. A
9. B
10. D
11. D
12. D
13. B
14. A
15. A
16. C

Section 9	Section 10	Section 11	Section 12
1. C	1. C	1. A	1. A
2. B	2. D	2. A	2. A
3. A	3. A	3. C	3. B
4. B	4. A	4. D	4. D
5. A	5. B	5. C	5. B
6. B	6. A	6. D	6. D
7. C	7. D	7. B	7. C
8. C	8. C	8. C	8. C
9. D	9. A	9. B	9. D
10. D	10. D	10. B	10. B
11. A	11. C	11. C	11. A
12. B	12. D	12. D	12. D
13. A	13. B	13. A	13. C
14. C	14. A	14. C	14. A
15. D	15. D	15. A	15. C
16. B	16. C	16. C	16. B

Section 13	Section 14
1. A	1. C
2. B	2. A
3. D	3. C
4. A	4. D
5. D	5. C
6. A	6. A
7. B	7. D
8. A	8. A
9. C	9. A
10. D	10. D
11. A	11. D
12. C	12. D
13. B	13. A
14. D	14. A
15. C	15. C
16. D	16. B

UNIT V

READING—VOCABULARY/STRUCTURE

Section 1
1. B
2. A
3. C
4. D
5. A
6. B
7. C
8. B
9. D
10. A
11. A
12. D
13. C

Section 2
1. B
2. A
3. D
4. C
5. A
6. C
7. A
8. B
9. D
10. C

Section 3
1. C
2. C
3. A
4. A
5. A
6. D
7. B
8. B
9. A
10. D

Section 4
1. D
2. B
3. A
4. A
5. B
6. A
7. D
8. B
9. D

Section 5
1. C
2. A
3. B
4. C
5. C
6. D
7. D
8. C
9. B
10. A
11. B
12. C
13. A
14. D

Section 6
1. D
2. D
3. C
4. D
5. C
6. A
7. C
8. C
9. A
10. B
11. C
12. B
13. D
14. D
15. B
16. A
17. B

Section 7
1. B
2. A
3. D
4. B
5. C
6. D
7. B
8. C
9. A
10. B
11. B

Section 8
1. B
2. B
3. C
4. B
5. D
6. C
7. A
8. A

Section 9
1. B
2. C
3. D
4. B
5. C
6. A
7. A
8. A
9. D
10. B
11. C

Section 10
1. A
2. D
3. D
4. C
5. B
6. B
7. C
8. A

Section 11
1. A
2. C
3. D
4. C
5. B
6. C
7. B

Section 12
1. A
2. C
3. C
4. A
5. C
6. B

Section 13
1. C
2. A
3. B
4. D
5. A
6. A
7. B
8. C
9. B
10. C
11. A
12. D
13. B
14. A

Section 14
1. B
2. A
3. B
4. A
5. C
6. A
7. D
8. C
9. B
10. D
11. B
12. C

Section 15
1. A
2. D
3. C
4. C
5. D
6. C
7. B
8. A
9. B
10. D
11. B
12. C
13. D
14. D
15. B

Section 16
1. A
2. C
3. D
4. B
5. C
6. A
7. D

Section 17
1. B
2. C
3. B
4. D
5. A
6. C
7. C
8. D
9. A
10. A

Section 18
1. B
2. C
3. D
4. A
5. B
6. A
7. A
8. C
9. B
10. A
11. A
12. B
13. D
14. C

Section 19
1. C
2. A
3. D
4. B
5. D
6. A
7. B
8. D
9. A
10. B
11. C
12. A

Section 20
1. A
2. B
3. A
4. A
5. C
6. D
7. C
8. C
9. A
10. D

UNIT VI

READING—STRUCTURE

Section 1
1. C (tercer)
2. B (ni)
3. C (despedirse)
4. A (e)
5. A (se levantó)
6. D (rota)
7. B (quienes)
8. D (cualquiera)
9. C (presentara)
10. D (por)
11. D (acostó)
12. C (quedado)
13. D (estás)
14. C (ha)
15. B (pero)
16. A (Ten)

Section 2
1. C (fue)
2. B (más)
3. C (por)
4. B (analizados)
5. A (Les)
6. C (nos reunamos)
7. D (un)
8. A (tanto)
9. D (se ven)
10. C (estés)
11. C (empezó)
12. A (hubo, había)
13. D (al)
14. D (yo)
15. A (sea)
16. A (estar)

Section 3
1. D (primera)
2. A (vengan)
3. A (le)
4. D (venden)
5. B (que)
6. B (ha)
7. B (sino)
8. C (sal)
9. A (aprendas)
10. B (despertarme)
11. A (estará)
12. A (supiera)
13. D (para)
14. A (abrir)
15. B (u)
16. A (tanta)

Section 4
1. B (trabaja)
2. C (por)
3. D (el)
4. A (Sé)
5. C (sino)
6. B (hagas)
7. B (que)
8. A (bonitos)
9. A (quedan)
10. B (iba)
11. C (seleccionadas)
12. B (está)
13. B (les)
14. D (nadie)
15. A (Cuál)
16. D (deja, dejará)

Section 5
1. A (a)
2. C (estabas)
3. A (hagan)
4. D (dentro)
5. A (Por)
6. C (hayamos)
7. B (la)
8. A (sería)
9. A (presentes)
10. B (van)
11. A (esté)
12. A (convenzo)
13. A (Lo)
14. B (que)
15. A (Comparado)
16. A (pedir)

Section 6
1. C (para)
2. A (conocí)
3. B (les)
4. B (mucho)
5. B (sea)
6. A (hayas)
7. C (de)
8. A (transitando)
9. B (viniera)
10. A (tendrás)
11. B (lo)
12. C (de)
13. C (ésa)
14. A (llegue)
15. D (que, cual)
16. B (haya)

Section 7
1. D (está)
2. B (estaba)
3. B (las)
4. C (definitiva)
5. C (poco)
6. C (cuánta)
7. C (habría)
8. B (media)
9. A (pongas)
10. B (hubo)
11. B (pensando)
12. D (sea)
13. A (será)
14. B (llama)
15. B (solía)
16. B (le)

Section 8
1. A (haberse)
2. D (tales)
3. D (hacía)
4. D (de)
5. B (iremos)
6. C (ante)
7. C (pueda)
8. A (estábamos)
9. C (ella)
10. C (estemos)
11. A (tengas)
12. C (ninguna)
13. C (quedan)
14. D (sino)
15. D (oír)
16. C (para)

Section 9
1. B (una)
2. A (parecen)
3. B (de)
4. A (compara)
5. D (estar)
6. A (Para)
7. A (lo)
8. A (hayas)
9. C (papel)
10. B (algún)
11. B (había)
12. A (dónde)
13. D (recogieran)
14. D (dando)
15. B (podría)
16. A (Quédese)

Section 10
1. D (de)
2. D (tan)
3. A (la)
4. A (se haya)
5. C (un)
6. A (les)
7. D (será)
8. C (dijera)
9. B (perdidos)
10. A (suba)
11. D (nada)
12. A (calmarán)
13. D (demasiados)
14. D (esté)
15. B (esperaba)
16. C (por)

Section 11
1. D (varios)
2. D (semejantes)
3. B (sido)
4. C (termine)
5. B (soñar)
6. D (habrá)
7. D (mí)
8. C (sino)
9. C (quieres)
10. C (dijera)
11. A (pidió)
12. C (nada)
13. C (el)
14. C (le)
15. B (encontrara)
16. C (lleves)

Section 12
1. B (quedó)
2. A (dudando)
3. D (caes)
4. B (a)
5. A (esté)
6. A (un)
7. B (faltan)
8. C (había)
9. D (hace)
10. D (la)
11. A (trates)
12. B (gran)
13. A (llegue)
14. A (hecho)
15. B (le)
16. D (había)

Section 13
1. A (el)
2. D (están)
3. C (les)
4. C (pueda)
5. B (puesta)
6. B (bajo)
7. A (vendrá)
8. B (haya)
9. D (diferentes)
10. A (sabe)
11. C (tiene)
12. B (cualquier)
13. A (sea)
14. B (venden)
15. B (vas)
16. A (lo)

Section 14
1. B (siendo)
2. B (les)
3. C (deme)
4. A (estás)
5. A (eso)
6. D (que)
7. D (un)
8. B (pueda)
9. A (las)
10. C (dónde)
11. D (me)
12. A (habría)
13. B (rojo)
14. B (es)
15. A (salgas)
16. D (regresaba)

UNIT VII

READING COMPREHENSION

Section 1
1. A
2. A
3. C
4. D
5. A
6. B
7. B
8. C

Section 2
1. C
2. B
3. A
4. D
5. D
6. A

Section 3
1. A
2. C
3. C
4. D
5. B

Section 4
1. B
2. A
3. A
4. C
5. D
6. D

Section 5
1. C
2. B
3. D
4. A
5. A
6. B
7. C

Section 6
1. C
2. A
3. B
4. A
5. C
6. D

Section 7
1. D
2. A
3. A
4. C
5. A
6. B

Section 8
1. C
2. B
3. D
4. A
5. C

Section 9
1. A
2. C
3. D
4. A
5. B

Section 10
1. A
2. B
3. C
4. B
5. D
6. C
7. A

Section 11
1. D
2. A
3. C
4. B
5. B
6. D

Section 12
1. A
2. C
3. D
4. B
5. C
6. B
7. B

Section 13
1. B
2. A
3. C
4. D
5. D

Section 14
1. A
2. C
3. B
4. A
5. D
6. A

Section 15
1. C
2. D
3. A
4. C
5. C
6. B
7. A
8. D

Section 16
1. C
2. A
3. C
4. D
5. B
6. D
7. B
8. A
9. B
10. A
11. D
12. C
13. B

Section 17
1. A
2. C
3. C
4. B
5. A
6. A
7. C
8. A

Section 18
1. B
2. C
3. A
4. D
5. D
6. B
7. C
8. A

Section 19
1. C
2. C
3. D
4. C
5. A
6. A
7. B

Section 20
1. B
2. D
3. C
4. A
5. A
6. B
7. A
8. A
9. D

Section 21
1. B
2. A
3. A
4. B
5. C
6. B
7. D

Section 22
1. A
2. B
3. D
4. A
5. C
6. A
7. C
8. B

Section 23
1. C
2. A
3. C
4. D
5. B
6. D

Section 24
1. C
2. B
3. B
4. D
5. D
6. A

Section 25
1. A
2. D
3. B
4. A
5. D

Section 26
1. A
2. B
3. B
4. D
5. B
6. C

Section 27
1. D
2. B
3. A
4. D
5. C
6. B

Section 28
1. A
2. B
3. B
4. A
5. C
6. B
7. A
8. D
9. B

Section 29
1. A
2. B
3. A
4. B
5. C
6. C

Section 30
1. B
2. C
3. B
4. C
5. A
6. D
7. B
8. A
9. A

Section 31
1. C
2. B
3. A
4. B
5. D

Section 32
1. B
2. A
3. A
4. C
5. B
6. B
7. A

Section 33
1. C
2. B
3. A
4. B
5. C
6. B
7. B

Section 34
1. B
2. C
3. C
4. C
5. D

UNIT VIII

WRITING

Please note that the authors have tried to provide you with all possible answers in these exercises. There may be cases in which you find an additional possible answer.

The two forms of the imperfect subjunctive have been included. In the actual examination, students are *never* required to supply the *-se* form specifically. Students should be familiar with this form in case they encounter it in the readings.

Section 1
1. arraigada
2. otra
3. sientan
4. tropicales
5. esto
6. nació
7. sonríen
8. acompaña
9. peregrina
10. nuestro

Section 2
1. invitado
2. asistir
3. cuyas
4. esté
5. buscando
6. buen
7. gusten
8. digas
9. sea
10. agradable

Section 3
1. salir
2. suyos
3. visto
4. muchas
5. pasaran, pasasen
6. despidieron
7. presenció
8. quedaron
9. ese
10. venga
11. cuente

Section 4
1. llegar
2. sintió
3. hubieran, hubiesen
4. prefería
5. esta
6. tenía
7. alguna
8. vendría
9. aquel
10. acabar

Section 5
1. fuimos
2. celebramos, celebran
3. tocó, tocaba
4. vieneses
5. era
6. parecían
7. multicolores
8. rítmicamente
9. emocionada

Section 6
1. di
2. Había
3. eso
4. era
5. unos
6. otra
7. media
8. pude
9. iba
10. profundo
11. llegaste

Section 7
1. primera
2. fuera, fuese
3. veas
4. llevada
5. había
6. recién
7. representar
8. convirtió, convertía, convertiría

Section 8
1. caminando
2. cubierto
3. secas
4. era
5. había
6. abrigadas
7. tejían
8. hermoso
9. sintieron
10. sentimentales
11. hubieran, hubiesen

Section 9
1. visitado
2. encuentra, encontraba
3. algunas
4. llegué
5. tanta
6. cargado
7. moviéndose
8. todas
9. pasar
10. vale

Section 10
1. preguntaras, preguntases
2. ciertas
3. mejorando
4. alta
5. parezca
6. este
7. poder
8. ambas
9. tendré
10. ninguna

Section 11
1. haber
2. pura
3. Frágiles
4. apareciendo
5. blancas
6. visto
7. dé
8. hay
9. mirarse

Section 12
1. acuerdo
2. haber
3. aquella
4. cuyas
5. estuvieran, estuviesen
6. una
7. abrumadora
8. mirando
9. reaparecer

Section 13
1. salió
2. pasear
3. viviente
4. oía
5. próxima
6. Era
7. apoyando

Section 14
1. Hace
2. frágiles
3. alguna
4. fue, era
5. meticulosa
6. pude, podía
7. contenían, contendrían
8. una
9. desconocido
10. olvidadas (las cartas), olvidado (el lugar)

Section 15
1. ninguna
2. haya
3. escrita
4. obtener
5. diera, diese
6. necesitaba
7. dijo
8. hubiera, hubiese
9. volver
10. ese

Section 16
1. acercarnos
2. soñada
3. un
4. iluminadas
5. ningún
6. leído
7. parecía
8. quedamos

Section 17
1. adecuada
2. detenido
3. Gran
4. construida
5. quería, quiso
6. trabajaron
7. acabar
8. fue
9. acompañaran, acompañasen
10. sigan

Section 18
1. gran
2. había
3. traídos
4. algunas
5. sencillos
6. arreglado
7. sentándose
8. venir
9. quiera
10. revuelto

Section 19
1. dispongas
2. Aquéllas
3. saludó
4. solíamos
5. completo
6. posponer
7. mucha

Section 20
1. ido
2. caminando
3. excitada
4. otras
5. puesto
6. recibieran, recibiesen
7. corriendo
8. toda
9. pasó
10. dejar
11. fue
12. devuelta

Section 21
1. contestó
2. ido
3. esa
4. muchas
5. tuve
6. amaba, amé
7. acogedores
8. Decidí

Section 22
1. cocinando
2. preparar
3. habiendo
4. faltaba
5. tan
6. ese
7. tuvieron
8. verificaré
9. improvisar

Section 23
1. muchas
2. débiles
3. hay
4. gran
5. tontos
6. tenga
7. sucumbir
8. sentarse
9. tienen

Section 24
1. sacando
2. extrañas
3. llenado
4. había
5. pasar
6. cayó
7. cubierta
8. regrese
9. espera
10. contemplaba

Section 25
1. había
2. dirigiéndose
3. pasara, pasase
4. vio
5. entreabierta
6. apareció
7. vestida
8. brillantes
9. echó

Section 26
1. gran
2. Algunos
3. había, habría
4. tantos
5. esa
6. facilitaran, facilitasen
7. sirvieran, sirviesen
8. ningún
9. contribuyeron
10. fuera, fuese
11. pocos

Section 27
1. estaba
2. pasara, pasase
3. aquellos
4. estaba
5. quedó
6. volver
7. descalza
8. detenga
9. creído

Section 28
1. pudiera, pudiese
2. otra
3. estado
4. trasbordar
5. salía
6. góticas
7. encendió
8. prohibieran, prohibiesen

Section 29
1. presenta
2. cualquiera
3. poner
4. valore
5. necesite
6. metió
7. trazó
8. reír
9. mirando

Section 30
1. esperando
2. aquella
3. sentarse
4. estaba
5. sonreí
6. haga
7. reírme
8. dado

--- UNIT IX ---

WRITING

Please note that the authors have tried to provide you with all possible answers in these exercises. There may be cases in which you find an additional possible answer.

The two forms of the imperfect subjunctive have been included. In the actual examination, students are *never* required to supply the *-se* form specifically. Students should be familiar with this form in case they encounter it in the readings.

Section 1
1. sueles
2. sido
3. se cayó
4. puedas
5. llegaría
6. conociera, conociese
7. habrá
8. juegues
9. esperes
10. leyendo
11. acostarnos
12. tuviera, tuviese
13. sabía
14. quieras
15. se oponga
16. quedarse

Section 2
1. visitaba
2. comer
3. cierre
4. pidiendo
5. Lávate
6. huele
7. anduvieran, anduviesen
8. venga
9. ganan
10. se rieron
11. vayas
12. estado
13. huyó, había huido
14. perder
15. ha
16. merezca

Section 3
1. Conduzca
2. veía
3. regresen
4. cayeron
5. huyendo
6. llueva
7. trajeran, trajesen
8. supo
9. durmamos
10. guste
11. recomiendo
12. fuéramos, fuésemos
13. llegara, llegase
14. pasaron, habían pasado
15. decidió
16. hayan

Section 4
1. dicho
2. saqué
3. sé
4. me quedaba
5. hayan
6. apúrate
7. tendrás
8. traigas
9. quepamos
10. tradujera, tradujese
11. hubiera invitado, hubiese invitado
12. se opongan
13. eran
14. entiende
15. gritaban
16. termine

Section 5
1. serán
2. han
3. Yendo
4. quieras
5. escuchaba
6. empecemos
7. gustara, gustase
8. te pusiste
9. Abróchense
10. pueda
11. dibujar
12. pague
13. presentí, presentía, había presentido
14. quepan
15. ha enseñado
16. quieras

Section 6
1. íbamos
2. consigo, conseguiré
3. devuelva
4. hacen
5. busqué
6. atreverte
7. averigüe
8. fue
9. Sentémonos
10. sigues
11. puesto
12. oyendo
13. se vaya
14. esperaba
15. has
16. sepas

Section 7
1. saber
2. contuvo
3. desvistiéndome
4. ruegue
5. tiraban
6. entrevistó
7. escoja
8. sintiera, sintiese
9. hubiera hecho, hubiese hecho
10. se gradúe
11. pase, haya pasado
12. fuera, fuese
13. sube
14. podría
15. indique
16. se vendió

Section 8
1. reconocí
2. Pensando
3. corrija
4. te duches
5. bendijo
6. nazca
7. resuelto
8. pidiera, pidiese
9. toquemos
10. aprietan
11. hubiéramos ahorrado, hubiésemos ahorrado
12. haya visto
13. decidan, decidamos
14. te demores
15. quedaron, quedamos
16. hay

Section 9
1. era
2. merezco
3. arrancara, arrancase
4. hacer
5. encuentre
6. Teniendo
7. me equivoqué
8. sea
9. descompuesto
10. estuvieras, estuvieses
11. diga
12. hubiera, hubiese, hubiera habido, hubiese habido
13. obtendré, obtendría
14. invitaremos
15. acompañen
16. haya terminado

Section 10
1. lloviendo
2. carezcan
3. desayunarse
4. mantendrá
5. descubrí
6. midiera, midiese
7. discutido
8. se aclare
9. te salgas
10. pudo, podía
11. condujera, condujese
12. convenzas
13. cambie
14. adquiera
15. saltando
16. fuera

Section 11
1. visto
2. planteé
3. siendo
4. te acerques
5. crea
6. trajera, trajese
7. quejándose
8. mantener
9. cupe, cupimos
10. pudiera, pudiese
11. te metas
12. compita
13. estudiado
14. daría
15. apagó
16. disminuya

Section 12
1. continúe
2. darte
3. volviéndome
4. creyeran, creyesen, hubieran creído, hubiesen creído
5. te comportes
6. contribuyó
7. se divirtiera, se divirtiese
8. éramos
9. termine
10. mientas
11. arranqué
12. sido
13. participaré
14. pudimos
15. golpeen
16. modifique

Section 13
1. saque
2. traían
3. estés
4. alcancé
5. supiera, supiese
6. tocar
7. se casaran, se casasen
8. se murió
9. ponga
10. procedería
11. Habiendo
12. anochezca
13. sea
14. conocía
15. se hundió
16. prevenga

Section 14
1. durmiendo
2. hallará
3. dé
4. pensar
5. consumiera, consumiese
6. construyeron
7. sabía
8. Haz
9. oyó
10. hubiera habido, hubiese habido
11. olvide
12. devuelto
13. aprovecháramos, aprovechésemos
14. pongas
15. gustaría
16. vuelva

Section 15
1. lograr
2. llegues
3. valdrá
4. mirábamos
5. Hablando
6. roto
7. sepas
8. comencé
9. Pon
10. aceptaras, aceptases hubieras aceptado, hubieses aceptado
11. costara, costase, hubiera costado, hubiese costado
12. se quedó
13. hayan cambiado
14. interpretar
15. sean
16. permitan

Section 16
1. Eran, Serían
2. nieve
3. acababa
4. sirviendo
5. ven
6. anduvimos, andábamos
7. muerto
8. se entretuvieran, se entretuviesen
9. confías
10. pueda
11. preguntes
12. hacerme
13. asegúrese
14. destrocen
15. sintiéramos, sintiésemos
16. despidieron

Section 17
1. rodeé, he rodeado, había rodeado
2. habría
3. haremos
4. abrieras
5. hablar
6. averigüen
7. redujera, redujese
8. oyendo
9. callarme
10. sepamos
11. iría
12. está, estaba, ha estado
13. toqué
14. fue
15. Empiecen
16. leyendo

Section 18
1. enviar
2. avise
3. hizo
4. esperaríamos
5. se acercara, se acercase
6. parece, pareció, ha parecido, había parecido
7. molestaras, molestases
8. pesará
9. huyendo
10. me enoje
11. Ve
12. anduvieron
13. riera, riese
14. caerse
15. fingen
16. tropezarías

Section 19
1. nos conportemos
2. introdujo
3. deseaba, había deseado
4. fingían
5. haya
6. traduzcas
7. pagaría
8. visitar
9. hace, ha hecho
10. habrás terminado
11. ayudará
12. durmiéramos, durmiésemos
13. comíamos
14. empieces
15. vean
16. supiera, supiese

Section 20
1. subrayen
2. dijo, decía, hubiera dicho hubiese dicho
3. destruyen
4. divertirse
5. entregarán
6. saldremos
7. defiendas
8. oyéramos, oyésemos
9. veraneé
10. habrá
11. pueda
12. asistir
13. diera, diese
14. dijera, dijese
15. cabría, cabía
16. expresarse

UNIT X

WRITING

Answers will vary.

UNIT XI

SPEAKING

Answers will vary.

UNIT XII

SPEAKING

Answers will vary.

NOTES

NOTES

NOTES

NOTES

NOTES

NOTES

NOTES

NOTES

NOTES